持续发力 纵深推进

将全面从严治党进行到底

本书编写组◎编

新华出版社

图书在版编目（CIP）数据

持续发力　纵深推进：将全面从严治党进行到底 /《持续发力　纵深推进：将全面从严治党进行到底》编写组编. -- 北京：新华出版社，2024.1
ISBN 978-7-5166-7304-1

Ⅰ.①持… Ⅱ.①持… Ⅲ.①中国共产党-党的建设-研究 Ⅳ.①D26

中国国家版本馆CIP数据核字（2024）第023931号

持续发力　纵深推进：将全面从严治党进行到底

编　　者：《持续发力　纵深推进：将全面从严治党进行到底》编写组	
出 版 人：匡乐成	出版统筹：许　新　黄春峰
责任编辑：唐波勇　张云杰	封面设计：刘宝龙

出版发行：新华出版社
地　　址：北京石景山区京原路8号　　邮　　编：100040
网　　址：http://www.xinhuanet.com/publish
经　　销：新华书店、新华出版社天猫旗舰店、京东旗舰店及各大网店
购书热线：010-63077122　　中国新闻书店购书热线：010-63072012

照　　排：六合方圆	
印　　刷：三河市君旺印务有限公司	
成品尺寸：160mm×230mm	
印　　张：13.5	字　　数：170千字
版　　次：2024年3月第一版	印　　次：2024年11月第三次印刷
书　　号：ISBN 978-7-5166-7304-1	
定　　价：39.00元	

版权专有，侵权必究。如有质量问题，请与出版社联系调换：010-63077124

习近平在二十届中央纪委三次全会上发表重要讲话

中共中央总书记、国家主席、中央军委主席习近平2024年1月8日上午在中国共产党第二十届中央纪律检查委员会第三次全体会议上发表重要讲话。他强调，经过新时代十年坚持不懈的强力反腐，反腐败斗争取得压倒性胜利并全面巩固，但形势依然严峻复杂。我们对反腐败斗争的新情况新动向要有清醒认识，对腐败问题产生的土壤和条件要有清醒认识，以永远在路上的坚韧和执着，精准发力、持续发力，坚决打赢反腐败斗争攻坚战持久战。

中共中央政治局常委李强、赵乐际、王沪宁、蔡奇、丁薛祥出席会议。中共中央政治局常委、中央纪律检查委员会书记李希主持会议。

习近平指出，2023年是全面贯彻党的二十大精神的开局之年。党中央坚定不移推进党的自我革命，在全党深入开展学习贯彻新时代中国特色社会主义思想主题教育，坚持不懈用党的创新理论凝心铸魂，着力推进政治监督具体化、精准化、常态化，着力整治形式主义、官僚主义突出问题，坚决清除党员、干部队伍中的害群之马，从严从实加强对党员、干部的管理监督，推动全面从严治党向纵深发展，推动党的二十大决策部署不折不扣贯彻落实，有力引领保障新征程开局起步。

习近平强调，我们党作为世界上最大的马克思主义执政党，如何成功跳出治乱兴衰历史周期率、确保党永远不变质不变色不变味？这是摆在全党同志面前的一个战略性问题。党的十八大以来，在推进全面从严治党的伟大实践中，我们不断进行实践探索和理论思考，在毛泽东同志当年给出"让人民来监督政府"的第一个答案基础上，给出了第二个答案，那就是不断推进党的自我革命。在新时代十年全面从严治党的实践和理论探索中，我们不断深化对党的自我革命的认识，积累了丰富实践经验，形成了一系列重要理论成果，系统回答了我们党为什么要自我革命、为什么能自我革命、怎样推进自我革命等重大问题。

习近平指出，在深入推进党的自我革命实践中需要把握好九个问题，即：以坚持党中央集中统一领导为根本保证，以引领伟大社会革命为根本目的，以新时代中国特色社会主义思想为根本遵循，以跳出历史周期率为战略目标，以解决大党独有难题为主攻方向，以健全全面从严治党体系为有效途径，以锻造坚强组织、建设过硬队伍为重要着力点，以正风肃纪反腐为重要抓手，以自我监督和人民监督相结合为强大动力。要坚持解放思想、实事求是、与时俱进、守正创新，不断进行实践探索和理论创新，不断深化对党的自我革命的规律性认识，把党的自我革命的思路举措搞得更加严密，把每条战线、每个环节的自我革命抓具体、抓深入。

习近平强调，新征程反腐败斗争，必须在铲除腐败问题产生的土壤和条件上持续发力、纵深推进。总的要求是，坚持一体推进不敢腐、不能腐、不想腐，深化标本兼治、系统施治，不断拓展反腐败斗争深度广度，对症下药、精准施治、多措并举，让反复发作的老问题逐渐减少，让新出现的问题难以蔓延，推动防范和治理腐败问题常态化、长效化。

习近平指出，要加强党对反腐败斗争的集中统一领导。各级党委要切实强化对反腐败斗争全过程领导，坚决支持查办腐败案件，动真碰硬抓好问题整改。纪委监委作为专责机关，要更加主动担起责任，有力有效协助党委组织协调反腐败工作,整合反腐败全链条力量。各职能部门要坚持高效协同,自觉把党中央反腐败的决策部署转化为具体行动。

习近平强调,要持续保持惩治腐败高压态势。面对依然严峻复杂的形势,反腐败绝对不能回头、不能松懈、不能慈悲,必须永远吹冲锋号。要持续盯住"七个有之"问题,把严惩政商勾连的腐败作为攻坚战重中之重,坚决打击以权力为依托的资本逐利行为,坚决防止各种利益集团、权势团体向政治领域渗透。深化整治金融、国企、能源、医药和基建工程等权力集中、资金密集、资源富集领域的腐败,清理风险隐患。惩治"蝇贪蚁腐",让群众有更多获得感。

习近平指出,要深化改革阻断腐败滋生蔓延。腐败的本质是权力滥用。要抓住定政策、作决策、审批监管等关键权力,聚焦重点领域深化体制机制改革,加快新兴领域治理机制建设,完善权力配置和运行制约机制,进一步堵塞制度漏洞,规范自由裁量权,减少设租寻租机会。要建立腐败预警惩治联动机制,加强廉洁风险隐患动态监测,强化对新型腐败和隐性腐败的快速处置。

习近平强调,要进一步健全反腐败法规制度。围绕一体推进不敢腐、不能腐、不想腐等完善基础性法规制度,健全加强对"一把手"和领导班子监督配套制度。持续推进反腐败国家立法,与时俱进修改监察法,以学习贯彻新修订的纪律处分条例为契机,在全党开展一次集中性纪律教育。加强重点法规制度执行情况监督检查,确保一体遵循、一体执行。

习近平指出,要加大对行贿行为惩治力度。严肃查处那些老是拉干部下水、危害一方的行贿人,通报典型案例,以正视听、以儆效尤。加大对行贿所获不正当利益的追缴和纠正力度。

习近平强调,要持之以恒净化政治生态。坚持激浊和扬清并举,严明政治纪律和政治规矩,严肃党内政治生活,破"潜规则",立"明规矩"，坚决防止搞"小圈子""拜码头""搭天线"，有力打击各种政治骗子，严格防止把商品交换原则带到党内。坚持不懈整治选人用人上的不正之风，推动形成清清爽爽的同志关系、规规矩矩的上下级关系，促进政治生态山清水秀。

习近平指出，要加强新时代廉洁文化建设。深入开展党性党风党纪教育，传承党的光荣传统和优良作风，激发共产党员崇高理想追求，把以权谋私、贪污腐败看成是极大的耻辱。要注重家庭家教家风，督促领导干部从严管好亲属子女。积极宣传廉洁理念、廉洁典型，营造崇廉拒腐的良好风尚。

习近平强调，纪检监察机关是推进党的自我革命的重要力量，肩负特殊政治责任和光荣使命任务，必须始终做到绝对忠诚、绝对可靠、绝对纯洁。要巩固拓展教育整顿成果，进一步筑牢政治忠诚，任何时候任何情况下都要同党中央同心同德，把增强"四个意识"、坚定"四个自信"、做到"两个维护"转化成听党指挥、为党尽责的实际行动。要坚持原则、勇于亮剑，敢斗善斗、担当尽责，坚定不移正风肃纪反腐，推动全面从严治党向纵深发展。要加强纪检监察干部队伍建设，常态化清除害群之马，坚决防治"灯下黑"，努力做自我革命的表率、遵规守纪的标杆，打造一支让党中央放心、让人民群众满意的纪检监察铁军。

李希在主持会议时指出，习近平总书记发表的重要讲话，总结了全面从严治党的新进展、新成效，深刻阐述党的自我革命的重要思想，科学回答我们党为什么要自我革命、为什么能自我革命、怎样推进自我革命等重大问题，明确提出"九个以"的实践要求，对持续发力、纵深推进反腐败斗争作出战略部署。讲话高瞻远瞩、视野宏阔、思想深邃、内涵丰富，是新时代新征程深入推进全面从严治党、党风廉政建设和反腐败斗争的根本遵循。要深入学习贯彻习近平总书记重要讲话精神和习近平总书记关于党的自我革命的重要思想，坚定拥护"两个确立"、坚决做到"两个维护",纵深推进全面从严治党、党的自我革命,为以中国式现代化全面推进强国建设、民族复兴伟业提供坚强保障。

中共中央政治局委员、中央书记处书记,全国人大常委会有关领导同志,国务委员,最高人民法院院长,最高人民检察院检察长,全国政协有关领导同志以及中央军委委员出席会议。

中央纪律检查委员会委员,中央和国家机关各部门、各人民团体主要负责同志,军队有关单位主要负责同志等参加会议。会议以电视电话会议形式举行,各省、自治区、直辖市和新疆生产建设兵团以及军队有关单位设分会场。

中国共产党第二十届中央纪律检查委员会第三次全体会议于2024年1月8日在北京开幕。中央纪律检查委员会常务委员会主持会议。8日下午李希代表中央纪律检查委员会常务委员会作题为《深入学习贯彻习近平总书记关于党的自我革命的重要思想,纵深推进新征程纪检监察工作高质量发展》的工作报告。

新华社北京1月8日电

目 录
CONTENTS

习近平在二十届中央纪委三次全会上发表重要讲话 ·················· 1

第一章 勇于自我革命

把党的自我革命进行到底
——二十届中央纪委三次全会与会同志谈学习贯彻习近平总书记重要讲话精神 ··· 3
坚定不移推进党的自我革命
——二十届中央纪委三次全会与会同志谈学习贯彻习近平总书记重要讲话精神 ··· 7
从三个维度领会习近平总书记关于党的自我革命的重要思想 ············ 11
深刻领悟习近平总书记关于党的自我革命的重要思想 ················ 16
论党的自我革命与社会革命的辩证统一 ··························· 19
勇于自我革命：中国共产党人的政治自觉 ························· 24

延伸阅读

中央纪委三次全会上，习近平总书记这些话振聋发聩 ················ 33

第二章　强化政治监督

以高质量监督服务高质量发展

——坚定不移推进全面从严治党之"监督篇" ········ 41

为奋进新征程提供坚强纪律保障

——聚焦新修订的《中国共产党纪律处分条例》 ······· 46

常态化开展政治素质考察，湖南这样选准好干部 ········ 52

对作风顽疾露头就打！中纪委印发通知要求做好这项工作 ····· 61

十年磨一剑，巡视巡察"利剑"更显锋芒 ············ 63

大数据反腐为执纪监督赋能 ·················· 70

延伸阅读

深圳打好"解疏除"监督组合拳 ················ 76

第三章　一体推进"三不腐"

坚持严的基调，推动反腐败斗争向纵深发展

——坚定不移推进全面从严治党之"反腐篇" ········ 83

风正好扬万里帆

——党的二十大以来以习近平同志为核心的党中央贯彻执行中央八项规定、

推进作风建设综述 ·················· 88

坚决打赢反腐败斗争攻坚战持久战

——学习贯彻习近平总书记在二十届中央纪委三次全会重要讲话精神 ····· 97

中央纪委国家监委公开通报六起形式主义、官僚主义典型问题 ······ 100

警惕贪腐"年轻化""低职化" ················ 104

警惕基层形式主义新动向 ………………………………………… 109

| 延伸阅读 |

2023 年中国正风反腐"成绩单" …………………………………… 115

第四章　永远在路上

永远在路上
——以习近平同志为核心的党中央引领全面从严治党向纵深推进………… 123

严的标准立起来　实的作风树起来
——坚定不移推进全面从严治党之"作风篇" ………………………… 135

净化政治生态，建设廉洁文化
——学习贯彻习近平总书记在二十届中央纪委三次全会重要讲话精神……… 140

保持永远在路上的坚韧和执着
——2023 年开年全面从严治党一线观察 ………………………………… 142

为开创党的自我革命新局面作出不懈努力
习近平总书记在二十届中央纪委三次全会上的重要讲话指明方向、催人奋进 …… 147

时刻保持解决独有难题的清醒和坚定 ……………………………… 151

| 延伸阅读 |

2023 这组反腐数据，传递正风肃纪新变化！…………………………… 154

附录一　中国共产党第二十届中央纪律检查委员会
　　　　　第三次全体会议公报 ……………………………………… 161
附录二　中共中央印发《中国共产党纪律处分条例》…………………… 167

第一章

勇于自我革命

扫一扫,观看
《二十届中央纪委三次全会 总书记强调这些重点》

把党的自我革命进行到底

——二十届中央纪委三次全会与会同志谈学习贯彻习近平总书记重要讲话精神

连日来,二十届中央纪委三次全会与会同志深入学习习近平总书记重要讲话精神和习近平总书记关于党的自我革命的重要思想。与会同志一致表示,要结合本职工作深入学习、努力践行习近平总书记关于党的自我革命的重要思想,落实落细习近平总书记和党中央各项要求部署,坚定拥护"两个确立"、坚决做到"两个维护",纵深推进全面从严治党、党的自我革命。

不断深化对党的自我革命的规律性认识

在此次中央纪委全会上,习近平总书记深刻阐述党的自我革命的重要思想,为在新征程上纵深推进党的自我革命提供了强大思想武器、科学行动指南。

"习近平总书记关于党的自我革命的重要思想,深刻回答了我们党'为什么要自我革命'的重大问题。"中央纪委委员,江西省纪委书记、监委主任马森述认为,先进的马克思主义政党是在自我革命的淬火锻造中形成的,要确保党永远不变质、不变色、不变味,确保党始终成为中国特色社会主义事业的坚强领导核心，就必须把党的自我革命进行到底。

中央纪委委员，云南省纪委书记、监委主任冯志礼认为，习近平总书记关于党的自我革命的重要思想深刻回答了我们党"为什么能自我革命"的重大问题。"党的性质宗旨、初心使命决定了我们党始终代表最广大人民的根本利益，正是因为没有任何自己特殊的利益，我们党才能从不讳疾忌医、敢于刀刃向内，不断以彻底的自我革命精神检视自身、修正错误。"

"习近平总书记关于党的自我革命的重要思想不仅有认识论，还有方法论，深刻回答了我们党'怎样推进自我革命'的重大问题，是新时代新征程深入推进全面从严治党、党风廉政建设和反腐败斗争的根本遵循。"中央纪委委员，新疆维吾尔自治区纪委书记、监委主任田湘利表示，要在实践中不断加强对这一重要思想的学习贯彻，强化斗争精神和斗争本领养成，不断把全面从严治党向纵深推进。

把党的自我革命的思路举措搞得更加严密

在讲话中，习近平总书记突出强调了推进党的自我革命"九个以"的实践要求。

"从根本保证、根本目的、根本遵循，到战略目标、主攻方向、有效途径，再到重要着力点、重要抓手、强大动力，'九个以'的实践要求既有宏观的顶层设计，也有明确的路径方法，具有极强的理论和现实意义。"中央纪委委员、中央纪委国家监委驻国家金融监管总局纪检监察组组长王陆进表示，要在实践中准确把握"九个以"的要求，推动党的各方面建设有机衔接、协调联动，不断增强党自我净化、自我完善、自我革新、自我提高能力。

马森述认为，作为"九个以"实践要求的第一条，"以坚持党中央集中统一领导为根本保证"的要求至关重要。"党政军民学，东西南北中，党是领导一切的，党的自我革命也要在党中央集中统一领导下推进，从而保证自我革命的根本方向不偏，保证全面从严治党取得实效。"

"习近平总书记指出，要'以健全全面从严治党体系为有效途径'，对于我们坚持制度治党、依规治党有着重要指导意义。"冯志礼表示，在实践中要更加突出运用治理的理念、系统的观念、辩证的思维开展工作，加强前瞻性思考、全局性谋划、战略性布局、整体性推进，不断提升科学性和有效性。

把每条战线、每个环节的自我革命抓具体、抓深入

深刻分析反腐败斗争形势，习近平总书记强调，我们对反腐败斗争的新情况新动向要有清醒认识，对腐败问题产生的土壤和条件要有清醒认识，以永远在路上的坚韧和执着，精准发力、持续发力，坚决打赢反腐败斗争攻坚战持久战。

"经过新时代以来坚持不懈的强力反腐，反腐败斗争取得了有目共睹的显著成效，但仍要看到，反腐败斗争形势依然严峻复杂，遏制增量、清除存量的任务依然艰巨。"田湘利表示，要牢记习近平总书记"必须在铲除腐败问题产生的土壤和条件上持续发力、纵深推进"的要求，坚持一体推进不敢腐、不能腐、不想腐，深化标本兼治、系统施治，始终保持零容忍震慑不变、高压惩治力量常在。

王陆进表示，习近平总书记对深化整治金融、国企、能源、医药和基建工程等权力集中、资金密集、资源富集领域的腐败提出明确要求，要深入学习贯彻习近平总书记关于党的自我革命的重要思想，努力锻造政治过硬、作风过硬、能力过硬的金融监管队伍，着力推动驻在部门各级党组织以自我革命精神转变思想观念和监管理念，持续巩固提升金融监管队伍的纯洁性、专业性、战斗力。

"习近平总书记强调要加强新时代廉洁文化建设，为我们开展好下一步工作指明了方向。"马森述表示，廉洁文化建设对于筑牢党员干部思想道德防线，从源头上预防和治理腐败有着重要意义。"要不断从中华优秀传统文化、革命文化和社会主义先进文化中汲取营养和智慧，切实加强理想信念教育、纪法教育、警示教育，创新方式方法、丰富平台载体，积极宣传廉洁理念、廉洁典型，不断营造崇廉拒腐的良好风尚。"（新华社记者孙少龙、范思翔）

坚定不移推进党的自我革命

——二十届中央纪委三次全会与会同志谈学习贯彻习近平总书记重要讲话精神

习近平总书记2024年1月8日在二十届中央纪委三次全会上发表重要讲话,总结了全面从严治党的新进展、新成效,深刻阐述党的自我革命的重要思想,科学回答我们党为什么要自我革命、为什么能自我革命、怎样推进自我革命等重大问题,明确提出"九个以"的实践要求,对持续发力、纵深推进反腐败斗争作出战略部署。

与会同志一致表示,要深入学习贯彻习近平总书记重要讲话精神和习近平总书记关于党的自我革命的重要思想,坚定拥护"两个确立"、坚决做到"两个维护",坚定不移推进党的自我革命,坚决打赢反腐败斗争攻坚战持久战,为以中国式现代化全面推进强国建设、民族复兴伟业提供坚强保障。

成效卓著　任重道远

2023年是全面贯彻党的二十大精神的开局之年。习近平总书记在讲话中总结了全面从严治党的新进展、新成效。

"强化政治监督不松手,深化正风肃纪不松懈,从严反腐惩恶不慈悲,过去一年,全面从严治党成效卓著、成果丰硕。"中央纪委委员,广西壮族自治区纪委书记、监委主任房灵敏表示,要牢记全面从严治党永远在路上，党的自我革命永远在路上，以正风肃纪反腐的更大成效凝聚党心民心。

中央纪委委员，安徽省纪委书记、监委主任刘海泉表示，党的二十大以来，全面从严治党态势不变、力度不减、尺度不松，正风肃纪反腐力度不断加大、思路不断深化、领域不断拓展，但远未到大功告成的时候。面对依然严峻复杂的反腐败斗争形势，要坚决贯彻以习近平同志为核心的党中央的各项部署要求，坚定拥护"两个确立"、坚决做到"两个维护"，把党的自我革命进行到底。

"习近平总书记关于党的自我革命的重要思想，为我们做好新时代新征程纪检监察工作指明了前进方向。"中央纪委委员、中央纪委国家监委驻国务院国资委纪检监察组组长龚堂华表示，必须把这一重要思想作为新时代新征程深入推进全面从严治党、党风廉政建设和反腐败斗争的根本遵循，纵深推进全面从严治党、党的自我革命，为强国复兴伟业作出新贡献。

思想武器　行动指南

习近平总书记在讲话中强调："在新时代十年全面从严治党的实践和理论探索中，我们不断深化对党的自我革命的认识，积累了丰富实践经验，形成了一系列重要理论成果，系统回答了我们党为什么要自我革命、为什么能自我革命、怎样推进自我革命等重大问题。"

中央纪委委员、中央纪委国家监委驻国家体育总局纪检监察组组长习骅认为，进入新时代，以习近平同志为核心的党中央深刻总结党的历史经验特别是党的十八大以来的新鲜经验，提出了党的自我革命的重要论断并形成重要思想，充分体现出我们党管党治党的实践不断扩展、规律性认识不断深化，为全面建设社会主义现代化国家夯实了坚实基础。

习近平总书记在讲话中突出强调了推进自我革命"九个以"的实

践要求。

"习近平总书记关于党的自我革命的重要思想既有认识论,又有方法论,极大丰富和发展了马克思主义建党学说。"龚堂华认为,"九个以"的要求统领管党治党全局,兼具理论创新意义和实践指导意义,为我们党在新征程上继续推进党的自我革命提供了强大思想武器和科学行动指南。

"奋进新征程,社会革命的任务越是艰巨,自我革命就越要彻底。"刘海泉表示,要认真学习贯彻习近平总书记关于党的自我革命的重要思想,进一步严密细化党的自我革命的思路举措,落实落细每条战线、每个环节的自我革命,不断拓展反腐败斗争深度广度。

精准发力　持续发力

习近平总书记在讲话中强调,新征程反腐败斗争,必须在铲除腐败问题产生的土壤和条件上持续发力、纵深推进。

"反腐败斗争是一项长期的、复杂的、艰巨的任务,只要存在腐败问题产生的土壤和条件,腐败现象就不会根除,反腐败斗争就一刻不能停。"刘海泉表示,要深入学习贯彻习近平总书记重要讲话精神,持续深化重点领域腐败治理,切实遏制增量、清除存量,推动从个案清除、重点惩治向系统整治、全域治理提升转变。

习近平总书记在讲话中强调,"要持之以恒净化政治生态"。习骅表示,要坚决贯彻总书记要求,进一步明确今后的工作重点。他说:"我们将深入学习贯彻习近平总书记关于党的自我革命的重要思想,持续强化政治监督,以系统思维推动以案促改、促治和中央巡视反馈意见整改落实,持续修复净化体育政治生态,为建设体育强国提供政治和纪律保障。"

执纪者必先守纪,律人者必先律己。

"习近平总书记强调'纪检监察机关是推进党的自我革命的重要

力量',这要求我们锻造高素质专业化纪检监察干部队伍。"房灵敏表示,将把加强纪检监察干部队伍严管严治作为长期课题,持续巩固拓展纪检监察干部队伍教育整顿成果,坚持以刀刃向内清除"害群之马",打造一支让党中央放心、让人民群众满意的纪检监察铁军,为强国建设、民族复兴贡献力量。(新华社记者范思翔、孙少龙)

从三个维度领会习近平总书记关于党的自我革命的重要思想

2024年1月8日上午,习近平总书记在二十届中央纪委三次全会上发表重要讲话,深刻阐述了党的自我革命的重要思想。

习近平总书记指出,在新时代十年全面从严治党的实践和理论探索中,我们不断深化对党的自我革命的认识,积累了丰富实践经验,形成了一系列重要理论成果,系统回答了我们党为什么要自我革命、为什么能自我革命、怎样推进自我革命等重大问题。

习近平总书记关于党的自我革命的重要思想,是新时代新征程深入推进全面从严治党、党风廉政建设和反腐败斗争的根本遵循。

我们党为什么要自我革命

"我们党作为世界上最大的马克思主义执政党,如何成功跳出治乱兴衰历史周期率、确保党永远不变质不变色不变味?这是摆在全党同志面前的一个战略性问题。"

此次中央纪委全会上,习近平总书记又一次谈到"历史周期率"这一重要问题。

党的十八大以来,在推进全面从严治党的伟大实践中,以习近平同志为核心的党中央不断进行实践探索和理论思考,在毛泽东同志当年给出"让人民来监督政府"的第一个答案基础上,给出了第二个答案,那就是不断推进党的自我革命。

跨越漫长岁月的两个答案,从探寻党和人民的关系,到着眼自身、刀刃向内,一以贯之的是坚守初心使命、掌握历史主动的自觉,是走好"赶考"之路的清醒和坚定。

习近平总书记表示,我经常讲跳出历史周期率问题,这是关系党千秋伟业的一个重大问题,关系党的生死存亡,关系我国社会主义制度的兴衰成败。

早在学习贯彻党的十九大精神研讨班开班式上,习近平总书记从历代封建王朝盛极而衰,到历次农民起义先胜后败,再到苏联解体、苏共垮台、东欧剧变,深入剖析古今中外治乱兴衰留下的命题,深刻指出其根本原因在于"解决不了自己的问题"。

以史为鉴,可以知兴替。

党的十八大以来,中国特色社会主义进入新时代,民族复兴进入关键阶段,党推进着前无古人的伟大事业,也面临着前所未有的风险挑战。对如何跳出历史周期率的思考,始终萦绕在习近平总书记的心头。

2015年5月,在中央全面深化改革领导小组第十二次会议上强调"勇于自我革命,敢于直面问题";

2016年7月,在庆祝中国共产党成立95周年大会上指出,全党要以自我革命的政治勇气,着力解决党自身存在的突出问题,不断增强党自我净化、自我完善、自我革新、自我提高能力;

2017年10月,在党的十九大报告中指出,只有以反腐败永远在路上的坚韧和执着,深化标本兼治,保证干部清正、政府清廉、政治清明,才能跳出历史周期率,确保党和国家长治久安;

2022年10月,在党的二十大报告中指出,经过不懈努力,党找到了自我革命这一跳出治乱兴衰历史周期率的第二个答案,确保党永远不变质、不变色、不变味；

……

从不断深化对自我革命的认识，到新时代纵深推进全面从严治党，理论与实践的不懈追求，都着眼于跳出治乱兴衰的历史周期率，着眼于以伟大自我革命引领伟大社会革命，实现强国建设、民族复兴的宏伟目标。

我们党为什么能自我革命

自我革命，犹如拿起手术刀给自己动手术，痛苦非常、艰难非凡，中国共产党为什么能做到？

无私者，无畏。

习近平总书记深刻指出，我们党之所以有自我革命的勇气，是因为我们党除了国家、民族、人民的利益，没有任何自己的特殊利益。

党没有任何自己特殊的利益，这是我们党敢于自我革命的勇气之源、底气所在。

一百多年来，党外靠发展人民民主、接受人民监督，内靠全面从严治党、推进自我革命，勇于坚持真理、修正错误，勇于刀刃向内、刮骨疗毒，保证了党长盛不衰、不断发展壮大。"窑洞之问"的两个答案，贯穿着一个颠扑不破的真理——"人心向背关系党的生死存亡"。

"人民群众反对什么、痛恨什么，我们就要坚决防范和打击""得罪千百人，不负十四亿""我们不能关起门来搞自我革命，而要多听听人民群众意见，自觉接受人民群众监督"……

回看新时代全面从严治党的伟大实践，从"打虎""拍蝇""猎狐"，以重拳之势反腐惩恶；到紧盯"四风"顽疾，从严查处、强化震慑；再到推动全面从严治党向基层延伸，坚决整治和查处群众身边的不正之风和腐败问题……一项项扎实举措，"人民利益"是始终不变的关键词。

自我革命精神,是党永葆青春活力的强大支撑。

先进的马克思主义政党不是天生的,而是在不断自我革命中淬炼而成的。

党的第三个历史决议将"坚持自我革命"作为党百年奋斗的10条历史经验之一,要求必须倍加珍惜、长期坚持,并在新时代实践中不断丰富和发展。

我们党怎样推进自我革命

踏上新征程,面对国内外形势的新变化和实践的新发展,有没有强烈的自我革命精神,能不能把党的自我革命进行到底,是决定党和国家事业兴衰成败的关键因素。

2022年1月,党的百年华诞后首次中央纪委全会上,习近平总书记深刻分析全面从严治党和自我革命之间的关系,以"六个必须"阐释党推进自我革命的"组合拳",内容涵盖政治建设、思想建设、作风建设、反腐败斗争、组织建设、制度建设等多个方面。

党的二十大报告首次对"完善党的自我革命制度规范体系"进行专门部署,把制度建设摆在更加突出位置,强调"形成坚持真理、修正错误,发现问题、纠正偏差的机制"……

这次中央纪委全会上,锚定推进自我革命这一重要任务,突出强调"九个以"的实践要求——

以坚持党中央集中统一领导为根本保证;

以引领伟大社会革命为根本目的;

以习近平新时代中国特色社会主义思想为根本遵循;

以跳出历史周期率为战略目标;

以解决大党独有难题为主攻方向;

以健全全面从严治党体系为有效途径;

以锻造坚强组织、建设过硬队伍为重要着力点;

以正风肃纪反腐为重要抓手；

以自我监督和人民监督相结合为强大动力。

9个方面要求，既有宏观层面的目标任务、顶层设计，也有落细落实、重点突出的方式方法；既有认识论，又有方法论，为在新征程上继续推进党的自我革命提供了强大思想武器、科学行动指南。

这次中央纪委全会上，习近平总书记深入分析当前反腐败斗争形势，强调"对反腐败斗争的新情况新动向要有清醒认识，对腐败问题产生的土壤和条件要有清醒认识"，并对反腐败工作作出具体部署。

全面从严治党永远在路上，党的自我革命永远在路上。

新征程上，深刻领会习近平总书记关于党的自我革命的重要思想的精髓要义、实践要求，纵深推进全面从严治党，中国共产党必将在新的赶考之路上向历史和人民交出新的优异答卷。（新华社记者孙少龙）

深刻领悟习近平总书记关于党的自我革命的重要思想

"我们党作为世界上最大的马克思主义执政党,如何成功跳出治乱兴衰历史周期率、确保党永远不变质不变色不变味?这是摆在全党同志面前的一个战略性问题。"日前,习近平总书记在中国共产党第二十届中央纪律检查委员会第三次全体会议上发表重要讲话,总结全面从严治党的新进展、新成效,深刻阐述党的自我革命的重要思想,明确提出"九个以"的实践要求,为新时代新征程深入推进全面从严治党提供了根本遵循。

勇于自我革命,是我们党最鲜明的品格,也是我们党最大的优势。党的十八大以来,面对党面临的重大风险考验和党内存在的突出问题,以习近平同志为核心的党中央发扬刀刃向内的自我革命精神,采取一系列重大战略举措,坚持和加强党的全面领导,坚定不移推进全面从严治党,党在革命性锻造中变得更加坚强有力。过去一年,党中央坚定不移推进党的自我革命,在全党深入开展学习贯彻习近平新时代中国特色社会主义思想主题教育,坚持不懈用党的创新理论凝心铸魂,推动全面从严治党向纵深发展,推动党的二十大决策部署不折不扣贯彻落实,有力引领保障新征程开局起步。

全面从严治党永远在路上,党的自我革命永远在路上,解决大党独有难题是一个长期而艰巨的过程。党的十八大以来,在推进全面从严治党的伟大实践中，我们党不断进行实践探索和理论思考，在毛泽东同志当年给出"让人民来监督政府"的第一个答案基础上，给出了第二个答案，那就是不断推进党的自我革命。在新时代十年全面从严治党的实践和理论探索中，我们党不断深化对党的自我革命的认识，积累了丰富实践经验，形成了一系列重要理论成果，科学、系统回答了我们党为什么要自我革命、为什么能自我革命、怎样推进自我革命等重大问题。

"成其身而天下成，治其身而天下治。"深刻领悟习近平总书记关于党的自我革命的重要思想，关键是要在深入推进党的自我革命实践中把握好九个问题：以坚持党中央集中统一领导为根本保证，以引领伟大社会革命为根本目的，以习近平新时代中国特色社会主义思想为根本遵循，以跳出历史周期率为战略目标，以解决大党独有难题为主攻方向，以健全全面从严治党体系为有效途径，以锻造坚强组织、建设过硬队伍为重要着力点，以正风肃纪反腐为重要抓手，以自我监督和人民监督相结合为强大动力。

"九个以"的实践要求，既有战略安排又有工作部署，既有认识论又有科学方法论，构成一个相互联系、逻辑严密、系统完备的有机整体，进一步深化了对不断推进党的自我革命的规律性认识，丰富和发展了习近平总书记关于党的建设的重要思想，丰富和发展了马克思主义建党学说，充分彰显习近平总书记的非凡理论勇气、卓越政治智慧、强烈使命担当。我们要深入学习贯彻习近平总书记重要讲话精神和习近平总书记关于党的自我革命的重要思想，坚持解放思想、实事求是、与时俱进、守正创新，不断进行实践探索和理论创新，不断深化对党的自我革命的规律性认识，把党的自我革命的思路举措搞得更加严密，把每条战线、每个环节的自我革命抓具体、抓深入，扎实推动全面从严治党向纵深发展。

一个饱经沧桑而初心不改的党，才能基业常青；一个铸就辉煌仍勇于自我革命的党，才能无坚不摧。新时代新征程上，让我们更加紧密地团结在以习近平同志为核心的党中央周围，坚定拥护"两个确立"、坚决做到"两个维护"，发扬彻底的自我革命精神，永葆"赶考"的清醒和坚定，纵深推进全面从严治党、党的自我革命，为以中国式现代化全面推进强国建设、民族复兴伟业提供坚强保障。（新华社评论员）

论党的自我革命与社会革命的辩证统一

辩证统一是马克思主义唯物辩证法的基本观点,强调了用联系和发展的观点整体把握事物之间的本质区别与相互联系,揭示了通过普遍联系和永恒发展而表现出的具体的而非抽象的、运动的而非静止的统一。党的自我革命与社会革命是中国共产党的"两个伟大革命",中国共产党是"两个伟大革命"的统一论者,是善于领导社会革命、敢于自我革命的马克思主义政党,在领导中国革命、建设、改革开放的历史进程中深刻诠释了自我革命与社会革命的辩证统一。

自我革命与社会革命的辩证统一是具体的而非抽象的统一。

所谓自我革命,就是主体自我警醒、自我否定、自我反思、自我超越的一种积极的、主动的革命性行为。从哲学意义上讲,自我革命其本质是主体为达到自身现实性与理想性的统一,在意识层面的自觉自察与行为层面的自我扬弃,即事物发展过程中的"否定之否定"。党的自我革命是中国共产党将自身作为革命对象,以革命的气魄和品格进行自我净化、自我完善、自我革新、自我提高的理论创造与实践活动。社会革命既包含通过阶级斗争方式改变社会基本制度,解放生产力和生产关系,也包括在政治、经济、思想等领域进行的广泛而深入的社会变革。新时代党带领人民继续伟大社会革命就是坚持和发展中国特色社会主义,体现了对共产主义远大理想的不懈追求,显示出马克思主义政党属性的本质要求，是遵循中国特色社会主义发展规律的必然选择。

习近平总书记强调："开新局于伟大的社会革命，强体魄于伟大的自我革命。"开新局与强体魄内在统一、相互依存且不可分离。党的自我革命是社会革命的前提和要求，是引领社会革命的核心要素，为社会革命提供了强大的精神动力；社会革命是党的自我革命的目标和归宿，是党的自我革命的价值引领，为其指明了方向、明确了目标，二者统一于以党的自我革命引领社会革命的全过程。党作为中国革命和建设的领导核心，能否持续革命和不断进步，直接影响着社会革命的方向和进程。只有坚持自我革命，才能不断加强党的领导能力和执政能力，党才能更好地引领社会革命的发展。只有坚持自我革命，党才能不断强化自身建设，为社会主义革命的发展提供坚实的组织和思想保障。自我革命是党自省自察、提升自我的主要途径，是党自成立以来保持长青不衰的关键所在。党的自我革命是全方位、广范围、深层次的革命性锻造，锻造力度深刻影响着社会革命的速度与效果。党通过自我革命使全党端正政治思想观念、整肃全党行为作风、优化全党组织架构，进而使全党的凝聚力达到新高度，为推动社会革命提供强大动力。党的自我革命的最终目标是通过推动社会革命实现中华民族伟大复兴的中国梦。纵观党的百年道路，正是有了实现伟大社会革命这一目标，才能在纷繁复杂的历史环境中坚定立场、勇担责任、居安思危。不同历史阶段的社会革命各有不同，党的自我革命的内容亦是具体的、不同的，社会革命指引着党在不同时期分别围绕思想建设、组织建设、作风建设等方面开展了自我革命的伟大实践。党的自我革命与社会革命的辩证统一是具体的，在新时代党的自我革命应坚持革新，为社会革命提供源源不断的内生动力，为在新历史阶段推动社会革命进程而不断自我完善。

自我革命与社会革命的辩证统一是运动的而非静止的统一。

新时代新征程,"中国共产党的中心任务就是团结带领全国各族人民全面建成社会主义现代化强国、实现第二个百年奋斗目标,以中国式现代化全面推进中华民族伟大复兴"。尽管各历史时期需要应对的社会革命主要任务不尽相同,但推进社会革命的进程从未中断,在社会革命进程中善于批评与自我批评,实践自我革命的积极探索从未静止,中国共产党以自我革命应对风险挑战、锻造能力的精神品格从未改变。党的自我革命和社会革命始终相持赓续,随着历史发展转变两者的具体内容与相互关系,而非固守旧序,这也是党的自我革命能够持续推动社会革命进程的内在奥义。其一,党的自我革命在不同历史时期推动伟大社会革命。党的自我革命不仅是对历史经验的总结和反思,更是对现实问题和内部矛盾的持续解决和自我完善。在不同历史阶段,我国的政治、经济、思想、民生、军事等方面面临着不同的复杂问题,正是党将自我革命锻造的精神与品格延伸至社会层面,针对群众需要、社会现实进行科学规划与坚决执行,才推动社会革命在新民主主义革命时期、新中国成立之初、改革开放与社会主义现代化建设时期取得接连胜利,并在中国特色社会主义新时代仍然发挥着重要作用,不断取得新的重大成就。其二,伟大社会革命在不同历史时期锻造党的自我革命精神。社会革命在不同历史时期内容不同,党的具体工作目标和主要任务亦不相同。党在不同时期社会革命实践中不断总结经验教训,及时进行自我批评和修正,加强锻造全党品格与能力。不同历史时期社会革命面临各种新挑战,党在不同挑战中得以检验自身理论与实践,在思想、作风、组织等不同方面加强自身建设,从而全面提高自身的先进性和革命性。因此,党的自我革命和社会革命不是一成不变的,两者之间的辩证统一关系亦是动态发展的。在未来发展中,面对纷繁复杂的国际环境和国家发展的巨大压力,党的自我革命更应紧跟时代发展,不断吸收新鲜血液,更新观念,及时纠正错误，发展自身力量，保持党的先进性和纯洁性，不断推进自身建设和发展。而社会革命也需要党根据时代要求及时作出反应和调整策略，加快适应和引领社会革命。

党的自我革命和社会革命的辩证统一体现了先进性与革命性的统一。作为先进政党，必须始终保持先进性，不断进行自我革命，以引领和推动社会革命。习近平总书记从提高党的建设能力强调了"要把新时代坚持和发展中国特色社会主义这场伟大社会革命进行好，我们党必须勇于进行自我革命，把党建设得更加坚强有力。"党的自我革命是中国共产党保持先进性、全面从严治党的必然要求。只有坚持自我革命，持续深化自我改造，党才能永葆先进性和纯洁性，有效抵制党内腐败现象，确保党的长期执政地位，实现国家长治久安。因此，党要建立健全自我革命制度规范体系，夯实自我革命的基础。建立健全自我革命制度规范体系应当完善党内制度体系与加强执行力度。其一，完善党内制度体系。党要坚持以党章为根本，结合自身发展与社会需要，聚焦存在的现实问题，明确制度体系的建设重点。在完善过程中，要秉持联系发展的观点，注意与国家法律的衔接与配合。其二，加强党内制度规范的执行力度。完善党内问责机制，严肃查处腐败问题和不良作风，坚决清除党内政治"灰色地带"，健全党风廉政建设和反腐败工作制度。加强思想教育与制度培训，推动党员干部自觉坚持共产主义理想信念，保持廉洁从政的高风亮节，提高其政治素养和执政能力。充分利用现代技术手段，实现党员干部的在线学习和交流，加强理论武装，不断提高领导干部的马克思主义理论水平。健全监督机制，深化纪检监察体制改革，强化对党员干部的教育管理，确保党员干部的党性修养和思想境界不断提高。

总而言之，中国共产党作为百年大党，要时刻保持解决大党独有难题的清醒和坚定，必须处理好"革他人的命容易，革自己的命难"的问题，运用好自我革命这一理论武器指导实践，加快完善自我革命制度规范体系，实现以党的自我革命引领社会革命的长效常治。（作者张健华为天津市中国特色社会主义理论体系研究中心天津财经大学基地研究员、天津财经大学马克思主义学院教授；杜笑晗为天津财经大学马克思主义学院硕士研究生）

勇于自我革命：中国共产党人的政治自觉

◇作为一种鲜明品格，勇于自我革命源于党的性质宗旨、初心使命，贯穿党的历史；作为一种政治自觉，勇于自我革命是一种敢于刀刃向内、自剜腐肉的勇气和自觉，是中国共产党始终能够保持和激发自身旺盛生机活力的根本原因

◇习近平总书记关于党的自我革命重要论述具有深刻的思想内涵和重大时代价值，深刻揭示了中国共产党的政治自觉

◇进入新时代，我们党探索出了一条长期执政条件下依靠自我革命跳出历史周期率的有效途径

◇在习近平总书记关于党的自我革命重要论述的指引下，新时代全面从严治党取得历史性、开创性成就，产生全方位、深层次影响，推进新时代党的自我革命积累了宝贵经验

强大的政党是在自我革命中锻造出来的。勇于自我革命，既是中国共产党百年奋斗培育的鲜明品格，又是中国共产党代以相承的政治自觉，是中国共产党永葆青春活力的强大支撑。

党的十八大以来，习近平总书记站在党和国家事业发展的全局高度，从历史和现实、理论和实际的结合上，围绕党的自我革命发表了一系列重要论述。这一系列重要论述，思想深刻、内容厚重，不仅深

刻回答新时代党的自我革命的提出背景、丰富内涵及实践要求等一系列重大问题，还深刻揭示了勇于自我革命是中国共产党人的政治自觉，具有很强的政治性、理论性、指导性。

深入学习习近平总书记关于党的自我革命的重要论述，对于全党深刻领悟"两个确立"的决定性意义，增强"四个意识"、坚定"四个自信"、做到"两个维护"，进一步坚定和发扬勇于自我革命的政治自觉，着力解决党自身存在的突出问题，不断增强党自我净化、自我完善、自我革新、自我提高能力，都有重要意义。

新时代党的自我革命的提出：理论·历史·现实

作为一种鲜明品格，勇于自我革命源于党的性质宗旨、初心使命，贯穿党的整个历史；作为一种政治自觉，勇于自我革命又是一种敢于刀刃向内、自剜腐肉的勇气和自觉，是中国共产党能够始终走在时代前列、成为中国人民和中华民族的主心骨，始终能够保持和激发自身旺盛生机活力的根本原因。

"自我革命"是一个具有特定内涵、闪烁着新时代党的理论与实践创新光芒的概念。2015年5月5日，习近平总书记在中央全面深化改革领导小组第十二次会议上的讲话中指出，"勇于自我革命，敢于直面问题，共同把全面深化改革这篇大文章做好。"此后，在多个重要场合，习近平总书记对"自我革命"的理论内涵和实践要求进行了反复阐发，使之不断丰富与发展。

"自我革命"的提出，有着深厚的时代背景，体现了理论逻辑、历史逻辑和现实逻辑三者的高度统一。

马克思主义建党学说是自我革命提出的理论依据。先进性和纯洁性是马克思主义政党的本质属性。习近平总书记指出，"我们党继承和发展马克思主义建党学说，形成了关于党的自我革命的丰富思想成果"。中国共产党是用马克思主义武装起来的政党，马克思主义是我们立党立国的根本指导思想。始终同人民在一起、为人民利益而奋斗，是马克思主义政党同其他政党的根本区别。也就是说，马克思主义政党进行自我革命的勇气和自觉是由其先进性质所决定的，其特质也是与生俱来的。一百多年来，党始终坚持全心全意为人民服务的根本宗旨，致力于民族复兴大业踔厉奋发而未敢有丝毫懈怠。作为一个马克思主义政党，中国共产党没有任何自己特殊的利益，也从来不代表任何利益集团、任何权势团体、任何特权阶层的利益。这一点，正是自我革命提出的理论依据，也正是中国共产党敢于自我革命的勇气之源、底气所在。

中华优秀传统文化为自我革命的提出给予了丰富的文化滋养。习近平总书记指出："我们决不可抛弃中华民族的优秀文化传统，恰恰相反，我们要很好传承和弘扬，因为这是我们民族的'根'和'魂'，丢了这个'根'和'魂'，就没有根基了。"中华民族自古以来就是一个勇于变革、积极进取的民族，"变法图强""革故鼎新""自强不息"等观念历来都是中华优秀传统文化的重要瑰宝。从《易经》的"天地革而四时成，汤武革命，顺乎天而应乎人"到《礼记》的"苟日新，日日新，又日新"，古往今来的许多贤哲名言，反映的无一不是对革故鼎新的变革思想和自强不息的自省意识的推崇和重视。今天我们党所强调的"自我革命""打铁必须自身硬""革故鼎新""守正出新"等一系列重要要求，从历史角度看，都与那些绵延数千年的中华优秀传统文化有着一脉相承的文化渊源。中华优秀传统文化是自我革命提出的文化源头之一。

自我革命是中国共产党百年奋斗的重要历史经验。一百多年来，中国共产党之所以能够一步步由弱到强、由小到大，一次次浴火重生、绝处逢生，之所以能够救民于水火、助民于危难，艰苦卓绝，团结带领人民创造出今日彪炳史册的伟大成就，其重要历史经验之一，就在于"坚持自我革命"。《中共中央关于党的百年奋斗重大成就和历史经验的决议》在全面总结中国共产党百年奋斗的历史经验时指出:"党历经百年沧桑更加充满活力,其奥秘就在于始终坚持真理、修正错误。党的伟大不在于不犯错误,而在于从不讳疾忌医,积极开展批评和自我批评,敢于直面问题,勇于自我革命。"这一概括,不仅明确了自我革命是党百年奋斗历史经验的重要结晶,还深入总结了党为什么能够跳出治乱兴衰历史周期率、历经百年沧桑而更加充满活力的成功秘诀所在。

自我革命是全面建设社会主义现代化国家、全面推进中华民族伟大复兴的必然要求。习近平总书记指出:"要站在事关党长期执政、国家长治久安、人民幸福安康的高度,把全面从严治党作为党的长期战略、永恒课题,始终坚持问题导向,保持战略定力,发扬彻底的自我革命精神,永远吹冲锋号,把严的基调、严的措施、严的氛围长期坚持下去,把党的伟大自我革命进行到底。"全面建设社会主义现代化国家、全面推进中华民族伟大复兴,关键在党。当前,百年未有之大变局加速演进,世界进入新的动荡变革期,我国发展进入战略机遇和风险挑战并存、不确定难预料因素增多的时期。具体到党的自身建设上,经过十年坚定努力,全面从严治党取得了有目共睹的成绩,但是党内一些深层次问题尚未根本解决,一些老问题反弹回潮的可能始终存在,稍有松懈就会死灰复燃,新的问题还在不断出现,"四大考验""四种危险"都将长期存在。作为世界上最大的马克思主义执政党,我们党要始终赢得人民拥护、巩固长期执政地位,必须时刻保持解决大党独有难题的清醒和坚定。全党同志要永葆自我革命精神,增强全面从严治党永远在路上的政治自觉,全面推进党的自我净化、自我完善、自我革新、自我提高,使我们党坚守初心使命,始终成为中国特色社会主义事业的坚强领导核心。

新时代党的自我革命的丰富内涵:守正·革故·鼎新

习近平总书记关于党的自我革命重要论述具有深刻的思想内涵和

重大时代价值，深刻揭示了中国共产党的政治自觉。

"勇于自我革命，是我们党最鲜明的品格，也是我们党最大的优势。"2017年2月13日，习近平总书记在省部级主要领导干部学习贯彻党的十八届六中全会精神专题研讨班上集中阐发了"自我革命"的深刻内涵，并旗帜鲜明地提出："这种能力既是我们党区别于世界上其他政党的显著标志，也是我们党长盛不衰的重要原因所在。"这是一个重大论断。这一论断，深刻揭示了中国共产党区别于其他政党的鲜明精神品格和政治自觉，既是对党性质宗旨、初心使命的深刻把握，又是对党政治品格、历史经验的全面总结，生动体现了我们党永葆先进性和纯洁性的必然要求。

党的性质宗旨、初心使命，决定了党具备自我革命的勇气和自觉，能够从人民的根本利益出发检视自己，能够始终把人民利益放在最高位置，为了人民"谋根本、谋大利"；党的政治品格、历史经验，则深刻反映了面对前进道路上的曲折与失误、面对党内存在的矛盾和问题，中国共产党从不掩饰缺点、回避问题、文过饰非，而是敢于以刀刃向内的勇气，积极查找原因，有缺点克服缺点，有问题解决问题，有错误承认并纠正错误，并在这一过程中不断吸取教训、增长智慧、发展壮大。

"要把新时代坚持和发展中国特色社会主义这场伟大社会革命进行好，我们党必须勇于进行自我革命。"习近平总书记指出，"我们党是在马克思主义建党学说指导下、按照民主集中制原则建立起来的世界最大政党，在世界上人口最多的国家长期执政，历史久、人数多、规模大，既有办大事、建伟业的巨大优势，也面临治党治国的特殊难题。"中国共产党是世界上最大的马克思主义执政党，没有什么外力能够打倒我们，能够打倒我们的只有我们自己。要把我们这么大的一个党管好很不容易，特别是要把我们这么大的一个党建设成为坚强的马克思主义执政党更不容易。面对国内外形势的新变化和实践的新发展,有没有强烈的自我革命精神,有没有自我净化的过硬特质,能不能坚持不懈同自身存在的问题和错误作斗争,成为决定党兴衰成败的关键因素。在实现第二个百年奋斗目标新的赶考之路上,我们党要巩固长期执政地位、始终赢得人民衷心拥护,就必须深刻认识到党的自我革命永远在路上,坚定不移推进党的伟大自我革命,并以伟大自我革命引领伟大社会革命,不断谱写新时代坚持和发展中国特色社会主义的新篇章。

"只有努力在革故鼎新、守正出新中实现自身跨越,才能不断给党和人民事业注入生机活力。"习近平总书记指出,"要坚持守正和创新相统一,坚守党的性质宗旨、理想信念、初心使命不动摇,同时要以新的理念、思路、办法、手段解决好党内存在的各种矛盾和问题,不断提高自我革命实效。"强调,"要在自我革新上求突破""通过革故鼎新不断开辟未来"。这些重要论述,围绕"守正""革故""鼎新"等几个关键词深刻揭示了自我革命所蕴含的题中之义。

"守正",就是要坚守党的性质宗旨、理想信念、初心使命不动摇,明大德、严公德、守私德,重品行、正操守、养心性,做到以信念、人格、实干立身;"革故",就是要通过过滤杂质、清除毒素、割除毒瘤,不断纯洁党的队伍,不断革除阻碍发展的各方面体制机制弊端;"鼎新",就是要以新的理念、思路、办法、手段解决好党内存在的各种矛盾和问题,以勇于自我革命精神打造和锤炼自己,不断增强党自我净化、自我完善、自我革新、自我提高的能力。这些内容,大大深化了我们对新时代党自我革命的认识理解。

"腐败是党面临的最大威胁,坚决防治腐败是党自我革命必须长期抓好的重大政治任务。"习近平总书记指出:"面对长期存在的'四大考验'、'四种危险',解决大党独有难题必然是一个长期而艰巨的过程,这就决定了全面从严治党永远在路上,党的自我革命永远在路上。"民心是最大的政治,是党领导和执政的最宝贵资源。党的十八大以来，以习近平同志为核心的党中央深入推进全面从严治党，坚持打铁必须自身硬，开展了史无前例的反腐败斗争，以"得罪千百人、不负十四亿"的使命担当祛疴治乱，不敢腐、不能腐、不想腐一体推进，"打虎""拍蝇""猎狐"多管齐下，反腐败斗争取得压倒性胜利并全面巩固，党在革命性锻造中更加坚强有力。但是，也必须清醒认识到，只要存在腐败问题产生的土壤和条件，腐败现象就不会根除，我们的反腐败斗争也就不可能停歇；必须永葆自我革命精神，坚持全面从严治党的战略方针，将反腐败作为党自我革命必须长期抓好的重大政治任务，坚定不移将党风廉政建设和反腐败斗争进行到底。

"只要马克思主义执政党不出问题，社会主义国家就出不了大问题，我们就能够跳出'其兴也勃焉，其亡也忽焉'的历史周期率。"我们党高度重视对历史周期率问题的探索。70多年前，毛泽东同志身居延安斗室，在著名的"窑洞对"中给出了第一个答案："只有让人民来监督政府，政府才不敢松懈"。70多年后，习近平总书记全面总结党的百年奋斗特别是党的十八大以来新的实践给出了第二个答案："这就是自我革命。"从"窑洞对"到"自我革命"，体现的既是中国共产党人对国家与民族前途一以贯之的历史担当和政治自觉，又是中国共产党人探索这个重大问题一脉相承的思想发展历程。

进入新时代，我们党探索出了一条长期执政条件下依靠自我革命跳出历史周期率的有效途径。这条道路的成功探索，不仅破解了中国历史上王朝政权"其兴也勃焉，其亡也忽焉"的周期率宿命，还创造性回答了马克思主义政党在长期执政条件下如何永葆先进性纯洁性，始终做到不变质、不变色、不变味等重大问题，具有十分重大的历史意义。

新时代党的自我革命的"新境界"：
宝贵经验和重大意义

习近平总书记指出："全面从严治党是新时代党的自我革命的伟

大实践，开辟了百年大党自我革命的新境界。"党的十八大以来，以习近平同志为核心的党中央把"全面从严治党"纳入"四个全面"战略布局，打出了一套自我革命的"组合拳"，形成了一整套党自我净化、自我完善、自我革新、自我提高的制度规范体系，开创了新时代党的自我革命的新境界，生动践行了中国共产党的政治自觉。

推进新时代党的自我革命所积累的宝贵经验。在习近平总书记关于党的自我革命重要论述的指引下，新时代全面从严治党取得历史性、开创性成就，产生全方位、深层次影响，推进新时代党的自我革命也积累了宝贵经验。

2022年1月18日，在十九届中央纪委六次全会上，习近平总书记指出，必须坚持以党的政治建设为统领，坚守自我革命根本政治方向；必须坚持把思想建设作为党的基础性建设，淬炼自我革命锐利思想武器；必须坚决落实中央八项规定精神、以严明纪律整饬作风，丰富自我革命有效途径；必须坚持以雷霆之势反腐惩恶，打好自我革命攻坚战、持久战；必须坚持增强党组织政治功能和组织力凝聚力，锻造敢于善于斗争、勇于自我革命的干部队伍；必须坚持构建自我净化、自我完善、自我革新、自我提高的制度规范体系，为推进伟大自我革命提供制度保障。

习近平总书记在讲话中用六个"必须"阐述了全面从严治党与自我革命之间的关系，深刻总结了新时代党自我革命的成功实践与宝贵经验。

习近平总书记关于党的自我革命重要论述的重大实践指导意义。实践证明，习近平总书记关于党的自我革命重要论述是一个系统的科学的理论体系，对于全党学习贯彻习近平新时代中国特色社会主义思想，推进新时代党治国理政和自身建设，实现国家长治久安和党长期执政，具有重大实践指导意义。

从理论上说，这一系列重要论述以党在新时代自我革命伟大实践为基点，凝结着一系列新认识、新实践，不仅进一步丰富和深化了我们对马克思主义建党学说的认识，也为新的时代条件下坚守党的性质宗旨、永葆党的青春活力提供了根本遵循。

从实践上说，这一系列重要论述把党的自我革命、自我革新提到了一个新的高度，并推动全面从严治党不断向纵深发展，标识和塑造出了党在新时代治国理政的鲜明特征。

从历史意义来说，这一系列重要论述对建设什么样的长期执政的马克思主义政党、怎样建设长期执政的马克思主义政党的规律性认识达到新高度，在自我革命的丰富内涵、实践要求等方面，深化了党必须始终保持自身先进性和纯洁性的认识，为丰富和发展马克思主义政党建设理论作出了原创性贡献。（董振瑞　中共中央党史和文献研究院）

 延伸阅读

中央纪委三次全会上,习近平总书记这些话振聋发聩

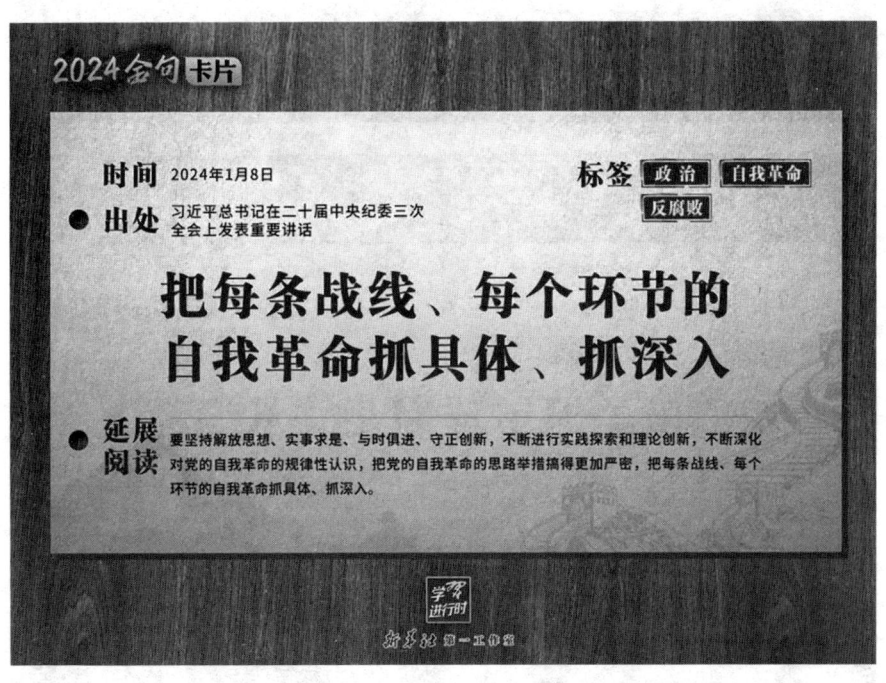

| 持续发力 纵深推进 将全面从严治党进行到底 |

2024金句卡片

时间 2024年1月8日

出处 习近平总书记在二十届中央纪委三次全会上发表重要讲话

标签 政治 自我革命 反腐败

新征程反腐败斗争，必须在铲除腐败问题产生的土壤和条件上持续发力、纵深推进

延展阅读 新征程反腐败斗争，必须在铲除腐败问题产生的土壤和条件上持续发力、纵深推进。总的要求是，坚持一体推进不敢腐、不能腐、不想腐，深化标本兼治、系统施治，不断拓展反腐败斗争深度广度，对症下药、精准施治、多措并举，让反复发作的老问题逐渐减少，让新出现的问题难以蔓延，推动防范和治理腐败问题常态化、长效化。

2024金句卡片

时间 2024年1月8日

出处 习近平总书记在二十届中央纪委三次全会上发表重要讲话

标签 政治 自我革命 反腐败

反腐败绝对不能回头、不能松懈不能慈悲，必须永远吹冲锋号

延展阅读 要持续保持惩治腐败高压态势。面对依然严峻复杂的形势，反腐败绝对不能回头、不能松懈、不能慈悲，必须永远吹冲锋号。要持续盯住"七个有之"问题，把严惩政商勾连的腐败作为攻坚战重中之重，坚决打击以权力为依托的资本逐利行为，坚决防止各种利益集团、权势团体向政治领域渗透。深化整治金融、国企、能源、医药和基建工程等权力集中、资金密集、资源富集领域的腐败，清理风险隐患。惩治"蝇贪蚁腐"，让群众有更多获得感。

| 第一章　勇于自我革命 |

2024金句卡片

时间：2024年1月8日
出处：习近平总书记在二十届中央纪委三次全会上发表重要讲话
标签：政治　自我革命　反腐败

坚决打击以权力为依托的资本逐利行为

延展阅读　要持续保持惩治腐败高压态势。面对依然严峻复杂的形势，反腐败绝对不能回头、不能松懈、不能慈悲，必须永远吹冲锋号。要持续盯住"七个有之"问题，把严惩政商勾连的腐败作为攻坚战重中之重，坚决打击以权力为依托的资本逐利行为，坚决防止各种利益集团、权势团体向政治领域渗透。深化整治金融、国企、能源、医药和基建工程等权力集中、资金密集、资源富集领域的腐败，清理风险隐患。惩治"蝇贪蚁腐"，让群众有更多获得感。

2024金句卡片

时间：2024年1月8日
出处：习近平总书记在二十届中央纪委三次全会上发表重要讲话
标签：政治　自我革命　反腐败

进一步堵塞制度漏洞 规范自由裁量权，减少设租寻租机会

延展阅读　要深化改革阻断腐败滋生蔓延。腐败的本质是权力滥用。要抓住定政策、作决策、审批监管等关键权力，聚焦重点领域深化体制机制改革，加快新兴领域治理机制建设，完善权力配置和运行制约机制，进一步堵塞制度漏洞，规范自由裁量权，减少设租寻租机会。要建立腐败预警惩治联动机制，加强廉洁风险隐患动态监测，强化对新型腐败和隐性腐败的快速处置。

| 持续发力 纵深推进 将全面从严治党进行到底 |

2024金句卡片

时间 2024年1月8日
出处 习近平总书记在二十届中央纪委三次全会上发表重要讲话
标签 政治 自我革命 反腐败

严肃查处那些老是拉干部下水危害一方的行贿人

延展阅读 要加大对行贿行为惩治力度。严肃查处那些老是拉干部下水、危害一方的行贿人，通报典型案例，以正视听、以儆效尤。加大对行贿所获不正当利益的追缴和纠正力度。

2024金句卡片

时间 2024年1月8日
出处 习近平总书记在二十届中央纪委三次全会上发表重要讲话
标签 政治 自我革命 反腐败

有力打击各种政治骗子 严格防止把商品交换原则带到党内

延展阅读 要持之以恒净化政治生态。坚持激浊和扬清并举，严明政治纪律和政治规矩，严肃党内政治生活，破"潜规则"，立"明规矩"，坚决防止搞"小圈子"、"拜码头"、"搭天线"，有力打击各种政治骗子，严格防止把商品交换原则带到党内。坚持不懈整治选人用人上的不正之风，推动形成清清爽爽的同志关系、规规矩矩的上下级关系，促进政治生态山清水秀。

| 第一章　勇于自我革命 |

2024金句卡片

时间 2024年1月8日
出处 习近平总书记在二十届中央纪委三次全会上发表重要讲话

标签 政治　自我革命　反腐败

把以权谋私贪污腐败看成是极大的耻辱

延展阅读 要加强新时代廉洁文化建设。深入开展党性党风党纪教育，传承党的光荣传统和优良作风，激发共产党员崇高理想追求，把以权谋私、贪污腐败看成是极大的耻辱。要注重家庭家教家风，督促领导干部从严管好亲属子女。积极宣传廉洁理念、廉洁典型，营造崇廉拒腐的良好风尚。

2024金句卡片

时间 2024年1月8日
出处 习近平总书记在二十届中央纪委三次全会上发表重要讲话

标签 政治　自我革命　反腐败

注重家庭家教家风督促领导干部从严管好亲属子女

延展阅读 要加强新时代廉洁文化建设。深入开展党性党风党纪教育，传承党的光荣传统和优良作风，激发共产党员崇高理想追求，把以权谋私、贪污腐败看成是极大的耻辱。要注重家庭家教家风，督促领导干部从严管好亲属子女。积极宣传廉洁理念、廉洁典型，营造崇廉拒腐的良好风尚。

| 持续发力 纵深推进 将全面从严治党进行到底 |

2024金句卡片

时间 2024年1月8日

出处 习近平总书记在二十届中央纪委三次全会上发表重要讲话

标签 政治 自我革命 反腐败

常态化清除害群之马
坚决防治"灯下黑"

延展阅读 纪检监察机关是推进党的自我革命的重要力量,肩负特殊政治责任和光荣使命任务,必须始终做到绝对忠诚、绝对可靠、绝对纯洁。要巩固拓展教育整顿成果,进一步筑牢政治忠诚,任何时候任何情况下都要同党中央同心同德,把增强"四个意识"、坚定"四个自信"、做到"两个维护"转化成听党指挥、为党尽责的实际行动。要坚持原则、勇于亮剑,敢ж善斗、担当尽责,坚定不移正风肃纪反腐,推动全面从严治党向纵深发展。要加强纪检监察干部队伍建设,常态化清除害群之马,坚决防治"灯下黑",努力做自我革命的表率、遵规守纪的标杆,打造一支让党中央放心、让人民群众满意的纪检监察铁军。

学习进行时

新华社第一工作室

第二章

强化政治监督

扫一扫,观看
《织密基层监督网络 全面从严治党向基层延伸》

以高质量监督服务高质量发展

——坚定不移推进全面从严治党之"监督篇"

健全党统一领导、全面覆盖、权威高效的监督体系,是实现国家治理体系和治理能力现代化的重要标志。

2023年,在以习近平同志为核心的党中央坚强领导下,中央纪委国家监委和各级纪检监察机关牢牢把握新时代新征程党的使命任务,聚焦"国之大者"强化政治监督,推动监督更加聚焦、更加精准、更加有力,监督的效能不断释放,党和国家监督体系不断完善,为党的二十大决策部署落实见效、经济社会高质量发展提供了坚强保障。

围绕"国之大者"强化政治监督

"9个市州和10个纪委监委相关派驻纪检监察组共发现和接收问题4087个,推动问题整改3848个,通报64批次232人……"

不久前,湖北省纪委监委对"长江大保护"政治监督工作情况进行汇总。2023年以来,该省每个月都会透过一张详细的数据表,及时掌握各部门落实"长江大保护"的最新动态。

生态环境保护是"国之大者",是发展问题、民生问题,更是政治问题。一年来,中央纪委国家监委和各级纪检监察机关紧紧围绕贯彻落实习近平总书记重要讲话精神和党的二十大战略部署,持续推进政治监督具体化、精准化、常态化,及时发现和纠正政治偏差,有力保障党中央重大决策部署落地见效。

——突出具体化,锚定监督任务。各级纪检监察机关围绕全面建设社会主义现代化国家目标任务,推动党的二十大精神、党中央决策部署同部门、行业、领域实际紧密结合,围绕全面深化改革开放、发展全过程人民民主、推进文化自信自强、建设美丽中国等重大举措,教育科技人才支撑、法治保障、国家安全等重点任务跟进监督,围绕党中央重大决策部署落实情况开展经常性监督检查,有力有效服务新征程开好局起好步。

从助力全面推进乡村振兴落地见效,到保障安全生产责任制落实;从加强耕地保护,到维护粮食安全……大处着眼、小处着手,政治监督聚焦点更加细化、实化、具体化。

——突出精准化,纠治突出问题。结合实际明确监督重点,盯住重点人重点事,聚焦重点岗位、重点领域、重要工作、重要环节,及时准确发现突出问题……

开展政治监督,重在聚焦,难在精准。各级纪检监察机关及时发现、坚决纠治贯彻党中央决策部署上有政策、下有对策,有令不行、有禁不止,做选择、搞变通、打折扣,不顾大局、搞部门和地方保护主义,照搬照抄、上下一般粗等突出问题,切实打通贯彻执行中的堵点淤点难点。

——突出常态化,确保监督成效。把政治监督作为一项常态化工作融入日常、做在经常,把监督融入重大发展战略、重要政策举措、重点项目任务的制定和落实之中,推动完善党中央重大决策部署落实机制,强化全过程监督。

与此同时,坚持定期盘点、动态问效,建立工作台账,实行清单管理,明确责任、动态追踪,常态化开展落实情况"回头看"……各级纪检监察机关把政治监督贯穿党领导经济社会发展全过程各方面,以有力有效日常监督促进各项政策落实落地。

把巡视利剑磨得更光更亮

共巡视 57 家中管企业、5 家中管金融企业、7 家中央和国家机关单位，完成对中管企业巡视全覆盖……

2023 年，在党中央领导下，二十届中央第一轮、第二轮巡视有序开展，新一届中央巡视全覆盖扎实起步。

利剑高悬、震慑常在。巡视监督是党和国家监督体系的重要组成部分，是全面从严治党的战略性制度安排。

一年来，巡视工作持续发力、纵深推进，一系列向深拓展、向专发力、向下延伸的具体举措，有力传导严的基调强烈信号。

——对"一把手"的巡视监督切实加强。重点了解"一把手"落实党中央重大决策部署、履行全面从严治党第一责任人责任、执行民主集中制、选人用人、廉洁自律和作风建设等方面存在的问题和不足。二十届中央第一轮巡视首次对中管企业"一把手"的情况形成专题材料。

——巡视监督精准性和实效性显著提升。中央巡视组在二十届中央第一轮巡视中开展个别谈话 6582 人次，受理信访举报 5.5 万件次，向纪检监察机关移交了一批问题线索，深入揭示了国有企业、金融、体育等领域存在的共性问题和深层次问题。

——巡视整改和成果运用不断深化。2023 年，中央巡视连续两轮开展"回头看"，对 62 家单位开展整改测评。强化立行立改、边巡边查，中央第一轮巡视移交立行立改事项 67 个、问题线索 82 件，推动立案审查调查 35 人，把巡视、整改、处置有机结合。中央巡视办向被巡视党组织印发整改工作提示，针对巡视发现的重点问题建立台账，向国务院分管领导和中央金融办、中央改革办、财政部、国务院国资委等 17 个职能部门通报巡视情况，移交工作建议 26 条。以巡促改、以巡促建、以巡促治的实效更加彰显。

——巡视巡察上下联动格局日益完善。一年来，中央巡视机构持续加强对省区市巡视巡察工作指导，对中央单位注重加强分类指导。

"党的二十大明确部署，以党内监督为主导，促进各类监督贯通协调。巡视作为党委（党组）全面监督的重要方式、综合监督的重要平台，在这方面积极探索，取得了良好成效。"中央巡视办有关负责人说，下一步要持续深入探索，强化与其他监督的力量协同、工作协调、成果共享，进一步增强监督效能。

推动完善党和国家监督体系

构建和完善中国特色社会主义监督体系是推进国家治理体系和治理能力现代化的内在要求。

推动完善纪检监察专责监督体系，加强内部力量和资源整合，推进纪律监督、监察监督、派驻监督、巡视监督统筹衔接常态化制度化，健全系统集成、协同高效的纪检监察工作机制；

推动完善党内监督体系，健全党中央统一领导、党委（党组）全面监督、纪律检查机关专责监督、党的工作部门职能监督、党的基层组织日常监督、党员民主监督的工作格局；

推动完善各类监督贯通协调机制，发挥党内监督主导作用，加强与司法监督、审计监督、统计监督、财会监督等各类监督的协同协作，积极推进监督力量整合、程序契合、工作融合；

推动完善基层监督体系，完善县统筹抓乡促村机制，统筹用好县乡监督力量，畅通群众监督渠道，健全基层监督网络；

推动深化派驻机构改革，着眼增强派驻监督全覆盖有效性，完善派驻监督体系机制；

……

过去一年，中央纪委国家监委和各级纪检监察机关切实担负起推动完善党和国家监督体系的重要职责，持续深化纪检监察体制改革，推动制度优势更好转化为治理效能，为推进国家治理体系和治理能力现代化提供坚强保障。

2023年以来，一场刀刃向内、动真碰硬的自我革命——全国纪检监察干部队伍教育整顿深入开展。

——以学促干，中央纪委国家监委和各级纪检监察机关把学习教育贯穿教育整顿始终，把传达学习习近平总书记重要讲话和重要指示精神作为"第一议题"，深化运用"五学联动"机制，不断提高学习自觉性、主动性，推动学习教育成果转化为推进工作的实际成效。

——刀刃向内，冲着问题去、向着难处攻，中央纪委国家监委和各级纪检监察机关开展自查自纠，动真碰硬整改问题，全力督导问题线索清仓起底和受理处置、从严惩处纪检监察系统腐败分子。中央纪委国家监委第二监督检查室副主任刘燚、宣传部副部长郝宗强，河北省纪委副书记、省监委副主任陈玉祥，中国工商银行原党委委员、纪委书记刘立宪等纪检监察队伍中的害群之马，在这场自剜腐肉的教育整顿中被及时查处，形成了有力震慑。

——检视整改，中央纪委国家监委和各级纪检监察机关推动教育整顿形成上下联动、整体发力的生动局面，通过持续深化整改、推动建章立制，巩固教育整顿成果；开展督导检查，促进检视整治环节各项任务落到实处，强化教育整顿政治性、严肃性、实效性；创新警示教育形式，以案释纪、以案释法，引导干部特别是年轻干部，自查自省、防微杜渐；发挥先进典型事迹示范带动作用，激励全系统崇尚先进、见贤思齐，进一步凝聚团结奋斗的正能量。

"下一步，我们将持续做好纪检监察干部队伍教育整顿和成果转化，加大线索处置和案件查办力度，持之以恒以严的基调、严的措施、严的氛围管队伍、强监督。"中央纪委国家监委纪检监察干部监督室有关负责人说。（新华社记者刘硕）

为奋进新征程提供坚强纪律保障

——聚焦新修订的《中国共产党纪律处分条例》

2023年12月27日，新修订的《中国共产党纪律处分条例》全文公布，这是党的十八大以来，党中央对该条例的第三次修订，再次释放出以严明纪律管全党治全党的鲜明信号。

条例为何再次修订？此次修订有哪些突出特点？将对推动全面从严治党向纵深发展起到什么作用？

以习近平新时代中国特色社会主义思想为指导，
全面贯彻党的二十大精神

党的十八大以来，《党纪处分条例》先后于2015年、2018年进行过两次修订。党的二十大后再次修订，是贯彻落实习近平新时代中国特色社会主义思想和党的二十大精神的必然要求，是将党章要求具体化为纪律规定的实际行动，也是实现和其他党内法规、国家法律相衔接的生动体现。

条例贯彻落实习近平新时代中国特色社会主义思想和党的二十大精神，首先体现在总则的几处增写中：

在第二条指导思想中增写"弘扬伟大建党精神，坚持自我革命""推动解决大党独有难题、健全全面从严治党体系""为以中国式现代化全面推进强国建设、民族复兴伟业提供坚强纪律保障"等内容；

在第三条总体要求中增写"坚守初心使命""切实践行正确的权力观、政绩观、事业观"等内容；

在第四条工作原则中增写"把严的基调、严的措施、严的氛围长期坚持下去"等内容；

……

与此同时，在政治纪律、组织纪律、廉洁纪律等各项纪律的具体条款中，处处体现出对党的二十大精神和党章的贯彻落实——

落实党的二十大报告关于"加快构建新发展格局，着力推动高质量发展"的要求，充实党员领导干部政绩观错位，违背新发展理念、背离高质量发展要求的处分规定，将搞劳民伤财的"形象工程""政绩工程"的行为由违反群众纪律调整到违反政治纪律。

落实党的二十大报告关于"推动干部能上能下、能进能出"的要求，在组织纪律中增加对在推进领导干部能上能下工作中搞好人主义、避重就轻行为的处分规定，推动形成良好用人导向和从政环境。

落实党的二十大报告关于"加强干部斗争精神和斗争本领养成"的要求，立足引导党员敢于担当、积极作为，在工作纪律中增加对不敢斗争、不愿担当，面对重大矛盾冲突、危机困难临阵退缩行为的处分规定。

落实党章关于"充分发挥人才作为第一资源的作用"的要求，聚焦保障人才评价机制落实，在组织纪律中增加对在授予学术称号中弄虚作假、违规谋利行为的处分规定……

中央纪委国家监委法规室有关负责同志表示，作为规范党组织和党员行为的基础性法规，党纪处分条例对确保全党在政治立场、政治方向、政治原则、政治道路上同以习近平同志为核心的党中央保持高度一致，具有十分重要的作用。条例再次修订，进一步严明政治纪律和政治规矩，对推动全党更加深刻领悟"两个确立"的决定性意义、更加坚决做到"两个维护"有着重要意义。

突出问题导向，坚决纠治形式主义、官僚主义等重点、难点问题

形式主义、官僚主义是实现新时代新征程党的使命任务的大敌。经过党的十八大以来的严厉整治，形式主义、官僚主义得到一定程度的遏制和治理，但禁而未绝、改头换面等现象仍时有发生。

对此，条例进一步增强了对搞形式主义、官僚主义行为处分规定的针对性。

在群众纪律中，完善对慢作为、假作为等损害群众利益行为的处分规定；在工作纪律中，增写随意决策、机械执行，搞文山会海、层层加码、过度留痕，增加基层工作负担等行为的处分规定；将贯彻党中央决策部署只表态不落实行为由违反工作纪律调整到违反政治纪律……多处修改，彰显重点纠治形式主义、官僚主义的坚决态度。

聚焦党员在履职尽责、规范用权方面存在的问题，条例在工作纪律中增写了多条处分规定，充实完善对统计造假、违反机构编制管理规定、不履行信访工作职责、滥用问责等行为的处分条款。

以统计造假为例，条例第一百三十九条规定，进行统计造假，对直接责任者和领导责任者，情节较轻的，给予警告或者严重警告处分；情节较重的，给予撤销党内职务或者留党察看处分；情节严重的，给予开除党籍处分。

同时条例还规定，对统计造假失察，造成严重后果的，对直接责任者和领导责任者，给予警告或者严重警告处分；情节严重的，给予撤销党内职务、留党察看或者开除党籍处分。

又以滥用问责为例，条例第一百三十七条规定，滥用问责，或者在问责工作中严重不负责任，造成不良影响的，对直接责任者和领导责任者，给予警告或者严重警告处分；情节严重的，给予撤销党内职务处分。

与此同时，条例还加大对有关干预插手行为的规制力度，在工作

纪律中增写按照有关规定对干预和插手行为负有报告和登记义务的受请托人，不按照规定报告或者登记，情节较重或严重的，给予相应党纪处分。

2023年11月16日，在中央纪委国家监委网站发布的国家开发银行原党委委员、副行长周清玉严重违纪违法被开除党籍的消息通报中，一处细节引人注目：私藏、阅看有严重政治问题的书刊。

针对执纪监督工作中发现的类似问题，条例也作出了相应修改。如在政治纪律中增写对私自阅看、浏览、收听有严重政治问题报刊、书籍、音像制品、电子读物、网络资料，情节严重行为的处分规定，同时还进一步完善对党员信仰宗教、个人搞迷信活动等行为的处理处分规定。

为推动解决"新官不理旧账"的问题，条例第一百三十条增写一款，明确了对"党员领导干部对于到任前已经存在且属于其职责范围内的问题，消极回避、推卸责任，造成严重损害或者严重不良影响的"行为的处理处分规定。

中央纪委国家监委法规室有关负责同志表示，条例坚持靶向施治，聚焦执纪监督中的重点难点问题，充实违纪情形，细化处分规定，有利于让铁纪"长牙"、发威，让党员干部重视、警醒、知止，使铁的纪律真正转化为党员干部的日常习惯和自觉遵循。

坚持与时俱进，在总结从严管党治党经验基础上完善纪律规范

2022年，中共中央办公厅印发了《领导干部配偶、子女及其配偶经商办企业管理规定》。这一规定的出台，对于规范和制约权力运行，从源头上防范廉政风险，促进领导干部家风建设具有重要意义。

这一理念在条例中也有所体现。在廉洁纪律中，条例在规范领导干部本人不廉洁行为的同时，加强了对领导干部亲属、身边工作人员和其他特定关系人相关违规行为的规制。

以第一百零六条为例，条例对"离职或者退（离）休后利用原职权或者职务上的影响，为配偶、子女及其配偶等亲属和其他特定关系人从事经营活动谋取利益"以及"离职或者退（离）休后利用原职权或者职务上的影响为他人谋取利益，本人的配偶、子女及其配偶等亲属和其他特定关系人收受对方财物"的行为都作出了明确处分规定。

与此同时，条例还完善了为亲属和其他特定关系人经营名贵特产类特殊资源提供帮助谋取利益的，以及领导干部对亲属违规经商办企业行为拒不纠正等的处分规定，释放出从严治党越来越严、越往后执纪越严的强烈信号。

经过新时代以来持之以恒正风肃纪，"四风"问题大幅减少，党风政风焕然一新。但也要清楚看到，一些不正之风仍然顽固复杂，或披上"马甲"，或转入"地下"，潜滋暗长、隐形变异。

针对这一情况，条例完善违反中央八项规定精神行为的处分规定，在廉洁纪律中增写以讲课费、课题费、咨询费等名义变相送礼的处分条款，充实对违规接待、滥发福利、未经批准租用借用办公用房，以及擅自举办创建示范活动、违反会议活动管理规定等行为的处分规定。

条例在坚持与时俱进上还体现在多个方面——

如完善纪法衔接条款，促进党纪政务处分相匹配，明确规定对有破坏社会主义市场经济秩序、违反治安管理、违反国家财经纪律等违法行为的党员视情节轻重给予党纪处分，明确规定对有涉黄涉毒等丧失党员条件、严重败坏党的形象行为的党员应当开除党籍；落实"厉行节约、反对浪费"要求，增写对铺张浪费造成不良影响行为的处分规定；切实规范约束党员网络言行，增写对违背社会公序良俗，在网络空间有不当言行的行为处分规定，促进党员绷紧网络不是法外之地这根弦……

此外，坚持严管和厚爱结合、激励和约束并重，条例落实"三个区分开来"要求，完善纪律处分运用规则，区分一般违纪、轻微违纪、不追究纪律责任等不同情形,给予相应处理,切实把从严管理监督和鼓励担当作为统一起来。

中央纪委国家监委法规室有关负责同志表示,条例在总结实践经验的基础上,与时俱进完善纪律规范,有利于充分发挥纪律建设标本兼治的利器作用,推动全面从严治党向纵深发展。下一步,将切实抓好条例贯彻执行,以严明的纪律推进党的自我革命,为经济社会高质量发展保驾护航。(新华社记者孙少龙)

常态化开展政治素质考察,湖南这样选准好干部

近两年,湖南进一步通过日常调研、"见缝插针"等方式,将考察指标"精准分类",过程"下好实功",调研"融入日常",工作"关口前移",结果"考用结合",着力推动政治素质考察做深做实,把干部"政治像"画得更加精准。

"分类精准的政治素质考察引导我们从政治的高度去思考每一项决策,考察指标体系经历了不断丰富完善的过程,同时也为干事创业指明了方向。"

"政治素质是大脑里的东西,需要通过一系列具象的表征来分析,就像开展体检一样。"

经历了这样"咬耳扯袖、红脸出汗"的环节,这些单位班子成员直呼"脸上挂不住、身子坐不住",迅速整改,达到了较好的教育提醒效果。

湖南省委2022年度选人用人"一报告两评议"总体评价"好"率,稳居全国第一方阵;湖南全省"12380"平台受理举报总量、选人用人问题举报量同比分别下降26.1%、21.3%。

"表面上学得勤勤恳恳,方案相当'漂亮',实际上'守摊子'思维严重,学习抓而不实,还对巡视问题整改打折扣、假落实……"2023年上半年,湖南省委组织部对一名省直单位主要负责人开展政治素质

考察，综合日常调研、审计巡视等信息并与该单位干部广泛谈话，了解到这名干部的真实状态，责令其严肃整改。

2017年底，湖南省在全国范围内率先探索开展政治建设考察，为干部政治表现"画像"。《瞭望》新闻周刊记者调研了解到，近两年，湖南进一步通过日常调研、"见缝插针"等方式，将考察指标"精准分类"，过程"下好实功"，调研"融入日常"，工作"关口前移"，结果"考用结合"，着力推动政治素质考察做深做实，把干部"政治像"画得更加精准。

2022年下半年以来，湖南已对省管单位实现两轮全覆盖考察，先后对20名缺乏政治担当、政治能力、政治自律的省管干部作出"下"的处理，严肃查处6名伪忠诚、"两面人"省管党政正职。在2023年对年轻干部、女干部、少数民族干部、党外干部专题调研中，湖南又精准掌握了一批政治素质好的干部，以及政治表现欠佳的干部情况。

湖南省邵阳市洞口县组织干部走进田间地头，听民声、纾民困，走好晚稻抗旱保收"最后一公里"（2022年10月摄） 刘金汉摄

精准分类　考出真担当

"师生关心的热点问题长期得不到解决""学科建设、师资队伍建设、维护学校安全稳定等方面推进不力""新时代大学生思想政治教育不深不实"……

记者看到，湖南省委组织部对省属高校领导干部的政治素质考察测评表，设置了正、反向二十余条测评指标。记者注意到，这些指标突出了与高校工作密切相关的多项评价内容。而在针对群团组织领导干部的考察中，则有针对性地设置了增强"政治性、先进性、群众性"、去除"机关化、行政化、贵族化、娱乐化"倾向等贴合岗位要求的指标。

"政治素质考察，不能一张测评表人人用、年年用。区分侧重点，画像才能更精准，对实际工作才更有参考价值。"湖南省委组织部干部一处处长杨清平介绍，湖南根据市州、机关、群团组织、企业、高校等不同特点，分类列出考察重点和评价要点。将正职、副职分开测评，按不同类型单位分别设置评价项目，有针对性地了解干部政治素质。

不仅具体指标，整个政治素质考察指标体系都在紧跟中心工作进行动态更新。

"今年，我们把树立和践行正确政绩观、严禁统计造假、严控政府债务等纳入政治素质考察内容。"湖南省委组织部副部长、省公务员局局长（兼）张值恒介绍，考察时，特别聚焦干部在贯彻落实习近平总书记重要指示批示精神和党中央重大决策部署时的担当作为，确保政治素质考察与党中央精神紧密贴合。

"分类精准的政治素质考察引导我们从政治的高度去思考每一项决策，考察指标体系经历了不断丰富完善的过程，同时也为干事创业指明了方向。"湖南新田县委书记秦山成说。

"比如，组织部门专门考察了党政正职在贯彻新发展理念方面是否扛牢了政治责任。"秦山成介绍，比照这一标准，新田县深入贯彻绿色发展理念，在招商引资时注重"选资"，拒绝高污染企业落户，走上一条山水生"金"的高质量发展新路。

湖南省衡阳市党员干部在常宁市塔山瑶族乡阳山村帮助村民采摘猕猴桃（2023年9月摄） 周秀鱼春摄

下好实功 政绩"事上见"

湖南组织部门在政治素质考察中发现，一名市委副书记在分管全市农业工作期间，坚决扛稳扛牢粮食安全重任，在抓抛荒治理、耕地保护中敢于担当，该市粮食种植面积、产量保持全省前列。各方面评价显示，这名干部政治过硬、政绩观端正、实绩突出，省委将其提拔到市州政府正职岗位。

与之形成对比的是，一名县委书记在年度考核中评价较好，但审计部门提供的信息反映，其在一些项目融资过程中执行议事规则不到位，导致融资成本过高、国有资产闲置。经过综合研判，组织部门取消其年度考核评优资格，并开展谈话提醒。

"政治素质不是空洞的，是具体的、实践的。考察不能'套公式'，必须通过一件件事、一个个阶段去检验、评判、总结。"湖南省委组织部干部四处处长袁悦平深有感触地说。

据介绍，湖南在政治素质考察中尤其注重"以言察政、以行观政、以事验政"，突出考察干部在日常、具体工作和完成急难险重任务时的表现，注重分析具体指标、关键数据的变化，推动政治素质考察实化、细化、量化、具体化。

"政治素质是大脑里的东西，需要通过一系列具象的表征来分析，就像开展体检一样。"湖南省委组织部干部一处副处长刘立光说。

多名受访县委书记向记者介绍了湖南2023年开展的党政正职履职情况考察——省委组织部考察组与干部深度谈话2个多小时，针对全县中心工作和干部履职情况设置7个方面问题，要求"注重用典型事例说明观点"，有效避免了考察"空对空"、跑偏散光。考察组还实地查看项目现场，并广泛与县级党政班子成员、重点项目投资商等开展深入谈话，细致、深入、客观了解真实情况。

"干部好不好，不能只看履历表。"湖南省委组织部干部监督处处长雷忠胜介绍，为了把干部"政治像"画得更加精准，湖南着力在强化信息贯通上下功夫。省委组织部拓展信息收集渠道，常态化收集分散在纪检监察、巡视巡察、审计等职能部门的干部管理监督信息，把组织部门掌握的情况与各方面提供的信息贯通起来，延伸政治素质考察触角，加强综合分析研判，选用干部时一看便知"他是谁，能干啥"。

融入日常　摸出真状态

2022年，在对一名厅局级干部的政治素质考察中，湖南组织部门通过与其身边人广泛、深入交流，听取到关于这名干部表现的"弦外之音"。

工作人员根据访谈线索，结合查阅有关资料，发现这名干部对中央精神落实不积极，缺乏政治敏感，"党组会上把文件念一下就当贯彻落实了"。而在排查其分管领域风险隐患时，面对下级单位隐患"零报告"的反常结果，这名干部也未作深究。经研究，该名干部被及时调整岗位。

"我们的做法是，不带名单、不带提拔目的，一有空就下去，把日常调研、'见缝插针'作为了解干部政治素质的主渠道。"袁悦平介绍，通过推动政治素质考察由"专项考"向"常态抓"转变，努力做到全方位、近距离、多角度地掌握干部政治表现。

多名受访干部介绍，湖南在政治素质考察时突出在日常工作中调研走访，走进部门单位听民声。袁悦平说，对一名干部的评价，不能只听本人讲，更要听身边人讲，之所以"不带名单、不带提拔目的"，就是为了让交流对象放下思想包袱，谈出真情况、真动向。日常调研尤其注重"原汁原味"整理谈话记录，为掌握干部一贯表现提供第一手资料。

据了解，今年以来，湖南已对14个市州、参加第一批主题教育的243个单位开展领导班子和干部队伍建设日常调研。

"对班子和干部的考察不是一年一度、一届一次就够了，需要把功夫下在平时，注重常态和长效。"湖南省人才发展中心主任何唯英介绍，湖南把政治素质作为换届考察、任前考察、年度考核、绩效考核的首要内容。

湖南省委组织部干部五处处长朱正华说，湖南将政治素质考察融入日常，避免出现"不到年底不考核、不到提拔不考察"情况。评价干部不仅看一时，更看一贯，全面看、全程看，动态化掌握干部的"活情况"、真状态。

关口前移　多做保健医

"组织部门与我进行了深入谈话，严肃指出问题，我仿佛被'猛击一掌'，豁然开朗。"这是湖南省直某单位一名省管干部在接受谈话提醒后的由衷感慨。

原来，这名干部平时工作认真负责，但抓工作只顾就事论事，不善于从政治上、全局上谋划推进，年度考核时群众评价始终不高。注意到这一苗头，组织部门多次与他交流谈话，帮助剖析问题根源，改进工作方法。去年年度考核，这名干部评价等次跃升为"优秀"，干事创业信心更足了。

"做干部工作，应该多做'保健医生'，少做'外科手术'。"杨清平说，湖南坚持发挥好政治素质考察"关口前移"作用，对于干部政治表现方面的苗头性、倾向性问题，随时提醒、及时督促整改。在2022年年度考核中，湖南有34名省管干部因政治能力不强等问题被谈话提醒。

不仅个别"谈"，还要公开"议"。刘立光说，湖南以省委文件形式向全省通报年度考核结果，逐一向被考察单位党委（党组）反馈考察具体情况。

"这两年，针对年度考核被评为'一般'的省直单位领导班子，我们责成其向省委写出书面报告，要求他们召开专题民主生活会，并请分管省领导到会指导，省纪委监委、省委组织部相关同志参加。"刘立光说，经历了这样"咬耳扯袖、红脸出汗"的环节，这些单位班子成员直呼"脸上挂不住、身子坐不住"，迅速整改，达到了较好的教育提醒效果。

数据显示，湖南省2021年被谈话提醒的25名省管干部，2022年年度考核优秀率平均提升7.1个百分点；2021年年度考核被评为"一般"等次的4个省直单位领导班子，2022年优秀率分别提升34、30、25和9个百分点。

考用结合　选准好干部

对400余项过时制度完成"废改立"，提任24名处级干部民主测评同意率超过98%，推进解决一批难点堵点问题……这是湖南一所高校党委书记到任一年后交出的"成绩单"。

2022年9月，湖南针对该校领导班子和事业发展存在的突出问题，分析运用政治素质考察结果，选派了一名敢于担当、有驾驭能力的干部担任学校党委书记。一年来，这名干部带领学校党委班子稳妥解决了一系列历史遗留问题，推动学校发展进入"快车道"。

同样的事例还有许多。2022年，湖南某县发生一起涉农案件，一批干部被严肃查处。2023年1月，湖南分析运用政治素质考察结果，选派一名干部担任县委书记。这名干部把落实中央精神、彻底整改问题作为首要政治任务，推行一系列强有力措施，迅速把当地干部的思想行动统一到中央和省委的决策部署上来。

"政治素质考察让敢于担当、业绩突出的干部得到提拔重用。"湖南省委组织部干部二处副处长刘光孝说，2022年以来，湖南充分运用政治素质考察成果，先后提拔重用9名政治素质过硬、表现优秀、曾担任贫困县党政正职的干部，16名县（市、区）委书记得到提拔或晋升职级并继续兼任现职。

大胆地"上"，也要坚决地"下"。湖南坚持凡考必察政治素质、凡考必看政治担当、凡考必问政治表现、凡考必评政治能力，着力把准把严干部"政治关"，将政治上不合格的干部"挡在门外"。

近一年来，湖南先后对20名缺乏政治担当、政治能力和政治自律的省管干部作出"下"的处理；湖南省人大、政府、政协2022年换届考察共否决代表委员初步人选214名；32名省管干部被取消提拔或进一步使用资格。

湖南省委2022年度选人用人"一报告两评议"总体评价"好"率，稳居全国第一方阵；湖南全省"12380"平台受理举报总量、选人用人问题举报量同比分别下降26.1%、21.3%。

2017年以来，湖南的政治素质考察工作机制持续完善、不断升级。

走访调研中,一些受访干部表示,新征程上将面对新问题新挑战,建议突出"关键少数"持续推深做实政治素质考察,引导党政正职等讲政治、敢担当,充分发挥示范和传导效应;持续强化政治素质考察与时俱进识别发现隐性问题的能力,及时跟进发现和解决政绩观扭曲"新变种""隐形衣"等问题。

"政治素质考察是政治建设的重要抓手,要坚持抓在经常、抓在实处,注重在日常工作和重大斗争、急难险重任务一线看干部的政治表现,不断提高考察的精准性有效性。"湖南省委常委、组织部部长汪一光说。(《瞭望》新闻周刊记者谭剑、袁汝婷、谢奔)

对作风顽疾露头就打！中纪委印发通知要求做好这项工作

中共中央纪委日前印发通知，要求各级纪检监察机关做好2024年元旦春节期间正风肃纪工作，营造风清气正节日氛围。

通知指出，近日，中共中央办公厅、国务院办公厅印发《关于做好2024年元旦春节期间有关工作的通知》。各级纪检监察机关要紧盯中办、国办通知关于困难群体救助、市场保供稳价、丰富文化生活、保障群众出行、做好传染病防控、抓好安全生产、维护社会稳定等部署落实情况加强监督，坚决纠治不担当、不作为、乱作为，任性决策、敷衍塞责、冷硬横推等问题，对工作失职失责的严肃追究责任，确保党中央各项政策落地见效。

节日期间是"四风"问题高发期。通知要求，各级纪检监察机关要对违规吃喝、违规收送礼品礼金、违规发放津贴补贴、违规操办婚丧喜庆、公车私用等作风顽疾露头就打，对在培训和会议期间违规聚餐、"不吃本级吃下级"、假借接待之名搞公款吃喝、"快递送礼"、以调研考察和党建活动名义公款旅游等隐形变异现象严防严治，及时发现和查处党员干部酒驾醉驾、高档烟酒茶、"豪华年夜饭"、节礼过度包装等背后的享乐奢靡问题，坚决防治年底突击花钱搞"四风"现象。

同时通知要求，各级纪检监察机关要紧盯加重基层负担的形式主义、官僚主义问题，持续纠治文山会海、督查检查调研扎堆、工作过度留痕、任务层层加码、多头重复要材料填表格、"指尖上的形式主义"等行为。要推动各地区各部门找准群众所思所盼所忧，用心用情解决群众急难愁盼问题，深入整治发生在群众身边的不正之风和腐败问题，维护好群众切身利益。

此外，针对推进常态长效建设，通知还对深化源头治理，督促有关地方、单位做深做实以案促改，加强对年轻干部、新提任干部的纪法培训、廉政提醒，深入推进新时代廉洁文化建设等提出明确要求。（新华社记者孙少龙）

十年磨一剑，巡视巡察"利剑"更显锋芒

党的十八大以来，党中央巡视工作力度、广度、深度大幅提升，中央、省、市、县四级全部建立巡视巡察机构，巡视巡察方式方法不断创新丰富，上下联动、贯通协调的巡视工作格局持续释放监督效能。

充分运用以往有效经验，接续推出并统筹使用常规巡视、专项巡视、机动巡视、巡视"回头看"等多种巡视方式，以灵活多变的方式打出"组合拳"。

近年来，各地巡察工作方式持续创新，应用提级巡察、延伸巡察、交叉巡察等方式，推动解决群众身边腐败问题和不正之风。

市县党委对乡（镇）、村（社区）党组织开展提级巡察、延伸巡察、交叉巡察，有利于破除基层熟人社会"关系网""说情风"干扰。

截至2023年4月8日，二十届中央第一轮巡视的15个巡视组完成巡视进驻工作。按照惯例，巡视反馈情况或将于近期公布。

巡视监督是党和国家监督体系的重要组成部分，是全面从严治党的战略性制度安排。党的十八大以来，党中央巡视工作力度、广度、深度大幅提升，中央、省、市、县四级全部建立巡视巡察机构，巡视巡察方式方法不断创新丰富，上下联动、贯通协调的巡视工作格局持续释放监督效能，形成"横向全覆盖、纵向全链接、全国一盘棋"工作格局。

党的二十大报告提出，推进政治监督具体化、精准化、常态化，强调发挥政治巡视利剑作用。中办印发的《中央巡视工作规划（2023—2027年）》明确提出，通过5年努力，使巡视制度更加科学、更加规范、更加有效。

迈上新征程，巡视工作规范化、专业化水平将不断提高，推动巡视制度成为推动全面从严治党、惩治腐败的利剑，成为推动改革、促进发展的利器。

巡视方式守正创新

2023年3月，二十届中央第一轮巡视确定对30家中管企业党组开展常规巡视，对5家中管金融企业党委开展巡视"回头看"，对国家体育总局党组开展机动巡视。这是党的十八大以来，首次在一轮中央巡视中同时安排常规巡视、机动巡视和巡视"回头看"三种组织方式。

党的十八大以来，党中央不断深化政治巡视，充分运用以往有效经验，接续推出并统筹使用常规巡视、专项巡视、机动巡视、巡视"回头看"等多种巡视方式，以灵活多变的方式打出"组合拳"。

常规巡视实现政治体检全覆盖。作为根据年度工作安排开展的综合性巡视，常规巡视对被巡视单位进行全面政治体检，意在全面监督和检查被巡视方的工作执行情况，发现问题并提出改进建议。

2013年5月，十八届中央第一轮巡视正式开启，10个巡视组对内蒙古自治区等10个地区、部门和单位开展常规巡视。同年10月开展的十八届中央第二轮巡视，对6个地方、2个部门和2个企事业单位展开巡视。

通过对"地方、部门、央企、金融、事业单位、中管高校"等各板块进行"板块轮动"，常规巡视查找出一批行业性、领域性问题。2014年第四轮巡视后，中央实现了对31个省区市和新疆生产建设兵团的巡视全覆盖。

专项巡视精准爆破突出问题。2014年,十八届中央第三轮巡视首次探索开展专项巡视试点。与常规巡视相比,专项巡视针对某个省区市、部门或单位的突出问题开展巡视,特点是更具针对性,可以围绕一件事、一个人、一个下属单位、一个工程项目、一笔专项经费开展巡视。

"专项巡视的出现拉开了巡视工作改革的序幕,使巡视目标更精准、形式更灵活、时间更紧凑。"中国社会科学院中国廉政研究中心副秘书长孙大伟说。经过试点,专项巡视从十八届中央第五轮巡视起全面推开。

此后,十八届中央第六轮巡视,开始探索分类专项巡视,即分领域、分类别进行专项巡视,实行"一托二",每轮一个组巡视2个单位,一个组长配备2名副组长,多个巡视组同类同步安排、分批集中汇报。

这种方式提高了巡视效率,且将相同或相关行业、领域的企业放在同一组中,便于查找共性问题,形成监督合力。仅十八届中央第六轮巡视期间,就有近20名央企高管被查。

机动巡视打造监督"移动探头"。2017年,十八届中央第十二轮巡视首次试点开展机动巡视。机动巡视动态选定巡视任务,哪里问题反映突出就去哪里,形式更加机动灵活,问题导向更鲜明,是党内监督的"移动探头"。

比如,二十届中央第一轮巡视对国家体育总局党组开展机动巡视,目的就是聚焦履行党的领导职能责任、贯彻落实体育强国建设重大决策部署情况,深入查找、推动解决体育领域特别是足球领域腐败问题和深层次体制机制问题。

"机动巡视时间短、节奏快,使巡视对象猜不准巡视组的'底牌',能有效发挥其政治'显微镜'和'探照灯'作用。"孙大伟说。

巡视"回头看"放大震慑效果。2016年,十八届中央第九轮巡视首次开展巡视"回头看",对已巡视过的辽宁、安徽、山东、湖南等

4省杀了"回马枪"。巡视"回头看"是"围绕政治的'再巡视'",既查老问题,检查整改落实情况,也注重发现新问题,对没见底的问题再了解,延伸放大震慑效果。首次"回马枪"发现,4个省份均存在老问题屡巡未改的情况。

"巡视'回头看'打破了少数人的侥幸过关心态,体现出党内监督的韧劲和严肃性。"北京大学廉政建设研究中心副主任庄德水说,一些"大老虎"正是在巡视"回头看"中发现线索并最终落马。

据统计,十八届中央共开展十二轮巡视,十九届中央共开展九轮巡视。十年来,党中央巡视工作保持力度和节奏,在创新中向纵深发展,新思路、新方式、新手段、新打法层出不穷。

巡察创新打通监督"最后一公里"

市县巡察是推进全面从严治党向基层延伸、夯实基层管党治党政治责任的重要手段。2016年,党的十八届六中全会通过的《中国共产党党内监督条例》对建立巡察制度作出原则性规定。目前,31个省区市和新疆生产建设兵团,以及15个副省级城市已全部建立巡察制度。

从各地实践看,主要巡察方式包括常规巡察、专项巡察、提级巡察、交叉巡察等。常规巡察,是在市县党委一届任期内实现对所管理的党组织巡察全覆盖;专项巡察,是针对重点人、重点事、重点问题或者巡察整改情况,机动灵活开展监督。

近年来,各地巡察工作方式持续创新,应用提级巡察、延伸巡察、交叉巡察等方式,推动解决群众身边腐败问题和不正之风。

提级巡察直插"最后一公里"。提级巡察是根据加强党内监督工作需要,对不属于市委直接管理的下一级党组织,提升一级开展巡察。

比如,2023年5月,陕西省西安市全面启动对部分区县村(社区)党组织的提级巡察工作。各提级巡察组直插村、社区,走村入户,以群众反映强烈和损害群众利益的问题为重点,推动巡察监督直触"神经末梢",共发出巡察建议书23份,推动解决民生实事60件。

"提级巡察将基层监督重点难点领域和地区纳入巡察范围,是破解基层巡不深、察不透难题的积极尝试。"庄德水表示。

对于信访集中、群众反映强烈且处理问题矛盾不力、软弱涣散的行政村(社区)党组织,一些地方探索实行"延伸式"巡察。

比如,2018年底,在黑龙江省齐齐哈尔市委巡察组提级巡察乡镇的同时,克山县和依安县的县委巡察组分别对市委提级巡察乡镇所辖的126个行政村进行延伸巡察。市县同步的提级巡察和延伸巡察,共发现6大类486个问题。

交叉巡察冲破人情关系网。近年来,各地根据实际情况,由市委巡察办组织各县(市、区)相互之间对所管辖的党组织开展交叉巡察,并在实践中细化出巡察主体交叉、巡察内容和范围交叉覆盖、巡察工作方式交叉混合、交叉巡察多个对象等多种模式。

比如,湖北省荆州市委探索巡察主体交叉,采取市委巡察机构派1名同志带队、县市区各抽调5名巡察干部的"1+5"混合编组模式,同时对多个区县开展交叉巡察。

受访专家介绍,市县党委对乡(镇)、村(社区)党组织开展提级巡察、延伸巡察、交叉巡察,有利于破除基层熟人社会"关系网""说情风"干扰,破解基层巡察"抹不开面、巡不到位""群众不敢讲"等问题和顾虑。

巡视巡察上下联动

党的十八大以来,随着实践的不断发展,巡视巡察工作取得的新成果新认识新经验新办法逐渐上升为法规制度。2015年、2017年,《中国共产党巡视工作条例》先后两次修订,总结吸纳巡视工作实践创新成果。2023年1月召开的二十届中央纪委二次全会再次提出修订巡视工作条例,要求完善巡视巡察上下联动工作格局。

目前,中央、省、市、县四级巡视巡察工作体系已经建立。比如,2021年9月,中央巡视工作领导小组部署31个省区市和新疆生产建设兵团巡视巡察机构同步开展涉粮问题专项巡视巡察。各级党委共派出2704个巡视巡察组,对1.4万余个涉粮党组织开展监督检查,发现粮食收购、销售、存储等环节存在的腐败和不正之风问题3.7万余个,有效促进治理粮食购销系统性腐败。

在深化上下联动的同时,巡视巡察监督与其他监督的贯通协调力度不断加强。各级巡视巡察机构相继建立了与纪检监察、组织、审计、财会、统计、信访等监督的协作机制。比如,二十届中央第一轮巡视组的组成人员中有3/4是从财政、统计、审计、国资、信访等部门抽调的专业干部,有利于推动专业力量深度参与巡视,形成监督合力,提高监督效能。

"今年5月印发的《中央巡视工作规划(2023—2027年)》提出,推动巡视工作向深拓展、向专发力、向下延伸。这既是党的十八大以来巡视巡察工作成功经验,也体现着二十届中央巡视工作深化发展的总体思路和特点。"孙大伟说。

受访专家表示,向深拓展的关键,是聚焦影响党的领导、党的建设、全面从严治党的全局性问题,党组织和党员领导干部在履行职责、行使权力上的根本性问题,以及容易诱发重大问题、突出风险的倾向性问题,深挖苗头隐患,揭示问题根源,做到治已病、防未病。

向专发力的关键,是更加注重发挥专项巡视巡察作用,促进重点领域重点行业深化发展,提升靶向监督效能。通过加强巡视巡察机构队伍建设、规范化建设、能力建设,逐步提高专业化水平。

向下延伸的关键,是紧密结合基层实际,因地制宜、因村施策,畅通群众参与监督渠道,促进强化基层监督、完善基层治理,夯实党的执政基础。

按照今年3月召开的全国巡视工作会议部署,巡视巡察工作将更加突出标本兼治，根据形势需要持续改进方式方法，提高发现问题的能力和水平，增强巡视监督精准性、有效性，推动巡视巡察工作高质量发展。（《瞭望》新闻周刊记者屈辰）

大数据反腐为执纪监督赋能

构建基层公权力大数据监督平台，畅通群众监督渠道，健全基层监督网络。

办案人员查询关联账户，梳理出 40 多名涉案人员名下的 1100 余个账户、40 多万条交易明细，以及不动产登记、工商登记、审计报告、工程项目材料等 3000 余份，以此为基础查证出郑某受贿 1.2 亿余元的犯罪事实。

聚焦群众重复投诉、久拖未决以及政策不明、涉及多个部门等难点事项，形成"数据分析－及时预警－推动整改"的大数据日常监督模式。

"如村民对公示内容有异议，或发现问题线索想举报，既可以在群里发表意见，也可以通过微信小程序'点对点'直接'抵达'纪检监察部门后台。"

2022 年底，福建一家省属国企原总经理助理郑某，因严重违纪、涉嫌违法犯罪被开除党籍和开除公职。目前，这起案件已进入司法程序。

审查调查中，纪检监察机关利用大数据技术，分析相关人员银行账户信息、交易往来明细、通信和社交软件聊天记录等海量数据。尽管腐败分子利用各种"白手套"转移赃款，但在大数据精准"画像"

之下，郑某受贿上亿元的事实最终被查清。

汇聚公安、税务、工商、石化、景区等数据信息，查找违反中央八项规定精神问题，分析"三公"消费态势；将执纪监督"嵌入"网上办事平台，规范权力运行；构建基层小微权力监督平台，村（居）社区权力行使全程留痕，实时接受监督……近年来，随着数字中国建设深入推进，大数据技术在纪检监察领域有了更多应用。

二十届中央纪委二次全会工作报告明确提出，构建基层公权力大数据监督平台，畅通群众监督渠道，健全基层监督网络。近日，《瞭望》新闻周刊记者在福建多地调研了解到，纪检监察机关通过打通部门数据壁垒，汇聚共享大数据，提升发现腐败线索、审查调查取证、精准执纪监督等各方面能力，实现有效预防、深度反腐、有力惩治。

接受采访的基层纪检监察干部表示，数字化技术应用在提升执纪监督效能的同时，更促动了执纪监督方式创新和治理理念升级，建议进一步打通数据壁垒，拓展应用场景，助力纪检监察工作高质量发展。

大数据"碰撞"磨砺反腐利器

记者了解到，郑某在省属国企多个重要岗位任职期间，利用职务便利在工程承揽、项目招投标、业务合作等领域疯狂牟利，并通过各种手段藏匿、转移赃款，对抗组织审查，串供并伪造证据。

"我们调取了银行账户交易明细、通信记录、不动产登记等多个部门的数据信息进行分析，发现其利用'白手套'收受巨额贿赂，藏匿、转移赃款的证据事实。"办案人员告诉记者。

调查发现，郑某母亲虽已过世，但其名下的银行账户仍然活跃，有数十笔单笔超过50万元的资金往来。办案人员查询关联账户，梳理出40多名涉案人员名下的1100余个账户、40多万条交易明细，以及不动产登记、工商登记、审计报告、工程项目材料等3000余份，以此为基础查证出郑某受贿1.2亿余元的犯罪事实。

记者在福建多地采访了解到,纪检监察机关和金融、通信、税务、公安、法院、卫健等部门建立起数据信息快捷查询、共享渠道,探索搭建数据比对分析模型,在海量数据中敏锐捕捉疑似问题线索,然后进行重点核查,大幅提升了发现线索、调查取证能力。

2022年9月,福州鼓楼区纪委监委对网上办事平台上群众申诉举报线索进行筛查比对,发现1~9月涉及园林系统的诉求近300件,有关内部管理、干部作风问题的诉求指向明确。

比如有群众多次反映,福州温泉公园管理中心原主任杨某利用职权"吃拿卡要",参与企业经营牟利,虚报侵占公园管养费用等。区纪委监委跟踪核查,发现群众反映问题基本属实。今年4月,区纪委监委对相关人员予以党纪政务立案。

鼓楼区纪检监察干部告诉记者,接待处置群众信访举报、听汇报、看台账、搞测评等传统查找问题线索方式,不同程度存在线索来源窄,以及问题发现难、调查取证难等现实问题。在办案实践中,需要推动分散在各个部门、各个时段的数据汇聚共享、碰撞分析,对某一领域、某个地区的政治生态精准"画像"。

龙岩市纪委常委、秘书长杨丹介绍,近年来,龙岩市纪委建立"制度+科技"信息化监督平台,通过与政府办、税务、市场监管、文旅、石化等十多个部门信息共享,快速识别疑似"四风"问题389个,移交处置46条问题线索,多人受到党纪政务处分。

嵌入式监督紧盯权力运行

近年来,政务服务数字化建设持续推进,网上办事大厅、12345公共服务平台、政务微信公号等成为群众、企业办事、反映诉求主要渠道。权力运行"上网"成常态,执纪监督如何及时跟进,成为数字时代纪检监察工作面临的重要课题。

以12345公共服务平台为例,群众在线反映诉求,平台回复即可办结。但在个别地区,由于缺乏跟踪、督办、约束机制,"神回复""线上空转"等情形影响了政府公信力。

记者调研发现,福建多地探索数字视域下执纪监督新路径,着力打造基层公权力全程线上运行、异常信息实时预警、群众诉求及时处置的基层数字化监督新场景。

在福州,鼓楼区将执纪监督"嵌入"网上办事平台,实时监督权力运行。2022年以来,鼓楼区在网上办事平台设置"党风政风监督"板块,纪检监察机关与城市运行指挥中心、行政服务中心等部门,建立起线上信息共享－线索移交－会商研判、线下实地走访的"3+1"协作配合工作机制,在线实时监督权力运行。

鼓楼区纪委副书记高建中介绍,"嵌入"网上办事平台后,纪检监察机关能够实时查看"鼓楼智脑"等平台上86个区直部门、10个镇街及市级水电气三大运营商、地铁等公用企业对群众反映问题诉求的处置情况。通过筛查分析,聚焦群众重复投诉、久拖未决以及政策不明、涉及多个部门等难点事项,形成"数据分析－及时预警－推动整改"的大数据日常监督模式。

2022年底,福州鼓楼区东水路多家商户通过12345公共服务平台投诉称,区燃气管理站站长李某,利用安全检查的职务便利,多次向商户索要购物卡。12345公共服务平台将投诉分别批转给福州华润燃气公司和区建设局,要求回复。区纪委通过平台数据筛查发现这一线索后,迅速跟进监督。经核查问题属实,李某被区建设局停职并调离岗位,区纪委对其立案调查。

泉州市探索构建大数据监督平台,实现基层小微权力内容、运行向公众公开,接受实时监督,增强监督的时效性、互动性、主动性。2022年以来,为规范村级小微权力运行,泉州以"村村有群、户户入群"方式建立监督微信群,由村书记担任群主,村两委成员、驻村干部及乡镇纪委干部入群履职。

泉州市纪委党风政风监督室主任郭顺明介绍，市纪委监委协调督促相关职能部门梳理完善村级需公开的3方面27类事项，明确涉及村集体决策、村集体"三资"、村级工程项目、惠农资金申领发放等村务，均需推送到微信群里，确保群众能看到、看得懂。

"如村民对公示内容有异议，或发现问题线索想举报，既可以在群里发表意见，也可以通过微信小程序'点对点'直接'抵达'纪检监察部门后台。市县乡三级纪委根据权限分别跟进监督，对履职不到位问题发函督办，涉及不作为、慢作为、乱作为等问题深入核查，坚决追责。"郭顺明说。

该监督平台运行以来，已收到群众在线诉求反映8万多条，发现问题近4000个，一批不作为、乱作为的基层干部被查处。目前，该做法已在福建全省推广。

期待更多执纪监督应用

多地纪检监察干部告诉记者，数字化助力精准监督、调查取证，倒逼、督促基层权力运行规范，"治未病"预防腐败的作用更加显现。"通过大数据监督平台，基层权力行使全程留痕，实时接受监督、永久可追溯，不敢腐、不能腐、不想腐有了更多技术支撑。"连城县纪委书记邱阳说。

"大数据＋铁脚板"，线上线下联动，促动了执纪监督方式创新。高建中说，如今，鼓楼区纪委党风政风监督室、各镇街纪（工）委、派驻纪检监察组等部门工作人员，每天在监督平台上线，对数据进行拉网过筛、列项梳理，聚焦突出问题，有针对性地开展线下调查核实，以强有力的一线监督推动问题解决。

2022年以来，鼓楼区纪委监委通过数据共享、分析研判，筛查监督事项3.81万件，核查、督办、处置各类问题921件，以"四种形态"处置82件。

采访中，多地基层干部表示，执纪监督"上网"推动了部门、镇街、公用企业等作风转变，群众办事更加方便，诉求表达更加畅通。

长期以来，惠企资金申领发放是廉政风险较为集中的领域。由于涉及部门多、申领程序繁琐，有的部门个别经办人员通过暗箱操作优亲厚友，甚至出现权力寻租现象。

泉州台商投资区纪工委书记刘刚介绍，2020年以来，当地探索建立"亲清家园"智慧监督服务平台，从企业申领惠企资金手续繁琐甚至暗箱操作等"痛点"入手，建立全区涉企财税奖补和惠民资金集中统一入口机制，督促职能部门将各类惠企资金全部纳入平台。平台在线实时发布、动态更新信息，自动匹配、精准推送信息；企业全程线上申报；相关职能部门线上审批；纪检监察机关全程监督。

"现在，惠企政策内容和申报条件等信息全部在网上公示。我们只需在微信公号上提出惠企资金申报，全程网办，不见面、不找人。只要符合条件，一般3天之内资金就能到账。"玖龙纸业（泉州）有限公司总经理信刚告诉记者。

多地纪检监察干部表示，期待大数据执纪监督方式，在更多场景得到应用。记者了解到，一些基层纪检监察部门正在与大数据企业合作建立数据分析模型，通过自动分析比对海量信息，精准查找可疑问题线索，进行重点核查，在实践中取得了一定成效。

一些基层部门建议，对于各地已探索建立的行之有效的数据分析模型，可考虑在纪检监察系统内共享、推广，持续提升大数据反腐威慑力，为权力规范运行提供实时在线的精准监督。（《瞭望》新闻周刊记者郑良）

延伸阅读

深圳打好"解疏除"监督组合拳

以专项监督保障项目落地落实、以精准监督破解企业发展难点、以负面清单为政商交往划出红线,这套监督"组合拳"将监督效能转化为发展势能,为深圳市营商环境持续优化注入新动力。

通过打好监督"组合拳",深圳市纪委监委以纪检监察"硬约束"提升高质量发展"软实力",打通经济社会发展"中梗阻",推动高质量发展提标、提速、提质、提效。

以专项监督保障项目落地落实、以精准监督破解企业发展难点、以负面清单为政商交往划出红线……今年以来,深圳市纪检监察机关持续加强纪律和作风建设,以一套监督"组合拳"将监督效能转化为发展势能,解难点、疏堵点、除痛点,推动惠企政策加速落地,破解企业生产经营各类难题,不断优化营商环境,助力特区高质量发展行稳致远。

解难点:专项监督保障项目落地

2023年5月,在监督检查省重点前期项目和市重大项目妈湾电厂升级改造项目时,深圳市纪委监委发现原计划2023年3月启动的配套气源工程进展滞后。经了解,该项目存在多个难点,其中配套气源工程涉及海管施工,须经海事局、自然资源和规划局等多家单位审批,协调难度较大。

深圳市龙岗街道纪检监察干部与社区工作人员走访街道商户，了解水电费用情况，推动解决"水电费违规加价"问题（2023年12月5日摄）　刘斌建摄

为此，深圳市纪委监委多次推动有关职能部门召开现场办公会，由项目单位集中征求各职能部门意见，督促集中研究解决问题，加快办理项目用海审批。随后，该项目用海手续顺利通过市政府审批。

以专项监督保障项目落地落实，是深圳市纪委监委为高质量发展清障护航的重要举措。经过专题调研、座谈会，深圳市纪委监委听取职能部门、民主党派、民营企业家的意见建议，于2023年3月出台《关于充分发挥纪检监察机关职能作用为全市高质量发展提供坚强保障的实施意见》，并发布三批聚焦高质量发展重点监督清单。

深圳市纪委书记、市监委主任刘连生说，作为党的政治机关，做实政治监督，以高质量监督保障高质量发展，纪检监察机关责无旁贷。

漫步深圳，深圳湾超级总部基地建设如火如荼，深圳首条跨海隧道——妈湾跨海通道盾构施工有序掘进。在廉洁清风护航下，重大项目奏响高质量发展"进行曲"。

疏堵点：精准监督破解难题

2023年以来，深圳市纪委监委聚焦高质量发展，实行跟进监督、精准监督、全程监督，对监督检查发现的突出问题盯住不放、持续跟进，推动解决一批堵点问题，不断优化营商环境。

优化审批流程，推动重点项目提速增效。针对工程建设项目审批效率不高的问题，宝安区纪委监委联合区司法局、区并联审批专班全面梳理工程项目审批监管服务事项，发现需优化事项91个，推动立行立改26个，切实推动提高工程建设项目审批效率。

针对旧工业区综合整治相关政策适用条件过紧、运用范围过窄、审批流程过长问题，宝安区纪委监委深入调研后，从简化流程、提高效率等角度提出针对性建议，推动修订《宝安区旧工业区整治提升暂行办法》，有效解决"拆迁难"问题。

加强资金管理，推动专项资金安全高效使用。盐田区一家社区股份合作公司违规将履约保证金出借给房地产开发企业，存在较大安全隐患。盐田区纪委监委及时约谈，推动该公司追回出借款项并督促建立保证金银行专项账户监管机制，加强对重大资金的监管。

近年来，深圳市委巡察机构组织开展财政支持发展专项资金管理专项巡察，组织8个巡察组深入10个市直单位，重点巡察专项资金管理使用情况。

大力助企惠企，推动厚植中小企业发展沃土。"没想到交出去的钱还能退回来，你们真的把我们的事放在心上。"深圳市龙岗区龙岗街道不少商户收到水电费退款后，为该区纪委监委点赞。

今年上半年，深圳市龙岗区纪委监委成立专项督导组，针对该区5家社区股份合作公司及其分公司违规加收商业租户水电费用问题，推动龙岗街道开展核查并完成退费400多万元。

深圳市纪委监委推动相关部门，通过组建金融服务团队、优化工业园区交通环境等方式,解决企业生产经营各类难题,为中小企业发展厚植良好土壤。

通过精准有力、切实有效的政治监督,筑牢深圳特区发展的坚实地基。深圳市纪委监委综合运用专项监督、日常监督、联动监督,及时共享信息和发现问题,发出监督提示函等21份、约谈提醒37人、推动整改问题93个,监督合力不断发挥实效。

除痛点:为政商交往划"红线"

不准收受企业红包、礼金、礼品、消费卡、预付卡等财物;不准以提供中介服务为名向企业收取费用或者谋取其他利益;不准干预和插手企业正常经营活动,妨碍企业健康发展,损害企业合法权益,或违规给予特定企业特殊照顾……今年,深圳市纪委监委出台《深圳市公职人员亲清政商关系负面清单》,明确政商交往中不得出现缺乏担当、敷衍塞责等行为,为政商交往划出清晰红线。

"政商关系的高压线、警戒线,也是保障高质量发展的隔离线、防护线。"刘连生说,聚焦高质量发展强化政治监督,必须坚持系统观念,前瞻性思考可能存在的风险问题,全局性谋划监督方向重点,整体部署监督执纪问责各项工作。

近年来,深圳市纪委监委坚持问题、目标、效果导向,坚持"监督的再监督"定位,坚持"三个区分开来",推动政治监督具体化、精准化、常态化,确保执行不偏向、不变通、不走样。

一方面,通过总结违纪违法案例,深圳市纪委监委紧盯高质量发展中的政治偏差、纪律作风和腐败问题,查找并纠正项目规划决策、行政审批执法、土地征迁出让、工程招标建设、资金管理使用中的腐败和不正之风。

另一方面,定期排查领导干部及其家属在兼职取酬、经商办企、借贷借用等方面是否存在利益冲突问题,坚决纠正损害公平竞争环境、侵害经营主体合法权益的行为。截至10月底,深圳市纪检监察机关共立案3255件,给予党纪政务处分1517人,深化整治权力集中、资金密集、资源富集领域的腐败问题,以正风肃纪反腐成效助推经济社会高质量发展。

通过打好监督"组合拳",深圳市纪委监委以纪检监察"硬约束"提升高质量发展"软实力",打通经济社会发展"中梗阻",推动高质量发展提标、提速、提质、提效,监督效能不断成为发展势能,让这座因改革开放而生的城市焕发新气象。(《瞭望》新闻周刊记者陈凯星、周科、白瑜)

第三章

一体推进"三不腐"

扫一扫,观看
《制胜之道》

坚持严的基调，推动反腐败斗争向纵深发展
——坚定不移推进全面从严治党之"反腐篇"

"反腐败斗争形势依然严峻复杂，遏制增量、清除存量的任务依然艰巨。"

在 2023 年 1 月召开的二十届中央纪委二次全会上，习近平总书记对坚定不移深入推进全面从严治党作出战略部署，指出要把不敢腐、不能腐、不想腐有效贯通起来，三者同时发力、同向发力、综合发力，把不敢腐的震慑力、不能腐的约束力、不想腐的感召力结合起来。

一年来，在以习近平同志为核心的党中央坚强领导下，中央纪委国家监委和各级纪检监察机关有效整合反腐败工作全链条力量，坚持以零容忍态度反腐惩恶，完善动态清除、常态惩治、系统治理的机制和举措，更加有力遏制增量，更加有效清除存量，为全面建设社会主义现代化国家开好局起好步提供坚强保障。

把严的基调、严的措施、严的氛围长期坚持下去

"中国银行原党委书记、董事长刘连舸接受中央纪委国家监委纪律审查和监察调查""上海市人大常委会党组书记、主任董云虎接受中央纪委国家监委纪律审查和监察调查""贵州省委原书记孙志刚接受中央纪委国家监委纪律审查和监察调查"……

一年来，多名中管干部接受审查调查的消息，体现出我们党纵深

推进反腐败斗争，把严的基调、严的措施、严的氛围长期坚持下去，把党的伟大自我革命进行到底的信心与决心。

记者发现，2023年中央纪委国家监委网站公开发布了45名中管干部接受审查调查的消息，其中不乏国企、金融等领域的领导干部。

一年来，中央纪委国家监委突出重点领域反腐败斗争，坚决清理风险隐患大的行业性、系统性、地域性腐败，聚焦国企、高校、体育、烟草等领域腐败问题加大惩治力度，深化粮食购销领域腐败问题专项整治，配合开展统计造假专项治理、全国医药领域腐败问题集中整治。

2023年7月22日，中央纪委国家监委通报2023年上半年全国纪检监察机关监督检查、审查调查情况。一个变化引人注目——增加了立案行贿人员的相关数据。

数据显示，2023年前三季度全国纪检监察机关立案行贿人员1.2万人，移送检察机关2365人，其中仅第三季度就向检察机关移送行贿人员964人，形成有力震慑。

坚持受贿行贿一起查。中央纪委国家监委严肃查处多次行贿、巨额行贿、向多人行贿、危害一方政治生态的行贿人，着力清除危害政治生态的重要"污染源"，构建亲清统一的新型政商关系，实现政治效果、纪法效果、社会效果有机统一。

2023年6月10日，"百名红通人员"郭洁芳回国投案——这是党的二十大以来首名归案的"百名红通人员"，也是开展"天网行动"以来第62名归案的"百名红通人员"。

追逃追赃不止步。据统计，2023年1月至11月，"天网2023"行动共追回外逃人员1278人，其中党员和国家工作人员140人，"红通人员"48人，追回赃款29.12亿元。集中力量查办跨境腐败重点案件，一查到底，向纵深推进，追赃挽损超过102亿元。

同时，我国深度参与反腐败全球治理，积极构建反腐败伙伴关系网络，参与反腐败国际治理体系建设，进一步强化了拒绝腐败避风港、共同打击跨境腐败的政治共识。

高质量推动完善党的自我革命制度规范体系

2023年12月27日，新修订的《中国共产党纪律处分条例》向社会公开发布。

这是党的十八大以来，党中央对《条例》进行的第三次修订，修订后的《条例》共3编、158条，为推动完善党的自我革命制度规范体系夯实基础，意义重大。

党的二十大报告首次提出"完善党的自我革命制度规范体系"并进行专门部署，进一步擘画出坚定不移全面从严治党、深入推进新时代党的建设新的伟大工程的宏伟蓝图。

一年多来，各级纪检监察机关坚持制度治党、依规治党，准确把握党的自我革命制度规范体系在全面从严治党体系中的定位，以制度建设为主线深化纪检监察体制改革，不断健全纪检监察法规制度体系，持续推动完善党的自我革命制度规范体系。

健全纪检监察法规制度体系——

出台纪检监察建议工作办法；开展第三次党内法规和规范性文件集中清理工作；加强制度阐释，发布执纪执法指导性案例……2023年，各级纪检监察机关坚持一体履行党内法规和监察法规制定职责，不断健全纪检监察法规制度体系，增强法规制度的精准性、实效性，为推动完善党的自我革命制度规范体系强化制度供给。

构建系统集成、协同高效的纪检监察工作机制——

一年来，各级纪检监察机关积极推进纪律监督、监察监督、派驻监督、巡视监督统筹衔接常态化制度化，健全"组组"协同监督、"室组"联动监督、"室组地"联合办案机制；深入推进派驻机构改革，完善派驻监督体制机制；健全以县级统筹为主的片区协作、提级监督、交叉检查工作机制，着力提升基层监督办案质效；深化监察官法实施，全面完成市县一级监察官等级首次确定工作。

推动完善党和国家监督体系——

从纪检监察专责监督体系到党内监督体系，从各类监督贯通协调机制到基层监督体系……各级纪检监察机关按照党统一领导、全面覆盖、权威高效的要求，着力推动增强监督严肃性、协同性、有效性，党和国家监督体系不断完善。

自我革命制度规范体系涵盖法规制度的制定修订、调查研究、备案审查、贯彻执行等各方面，离不开对法规制度的"瘦身""健身"，为完善党的自我革命制度规范体系做好"精装修"。

中央纪委国家监委法规室有关负责人介绍，2023年探索建立纪检监察法规工作联系点，确立了18个基层纪检监察机关作为第一批联系点，开展日常指导、经验交流、以干代训等工作，听取对法规制度建设的意见建议，加强对基层纪检监察机关学规用规的指导服务，以点带面推动法规制度建设上下一体高质量发展。

一体推进守住拒腐防变的精神堤坝

"今天的警示教育片和警示教育课让我很受震撼，有的涉案人员是我熟悉的人，他们一步一步走向深渊，教训深刻、发人深省。"2023年11月28日，参加浙江省丽水市"两片一课助青廉"警示教育活动的年轻干部感触颇深。

"两片一课助青廉"活动面向丽水市40周岁以下党员干部和公职人员。活动中，警示教育片和警示教育课以案说德、以案说纪、以案说法，警醒年轻干部经住诱惑、管住小节，从严把好年轻干部教育关。

廉洁从政、干净干事，是我们党的光荣传统和优良作风，也是新征程上推进强国建设、民族复兴伟业的重要保证。

2023年，结合学习贯彻习近平新时代中国特色社会主义思想主题教育，各级纪检监察机关标本兼治、系统治理，坚持"全周期管理"，使严厉惩治、规范权力、教育引导紧密结合、协调联动，强化理论武装、党性教育、纪律警示教育等，把教育成果转化为推进工作的实际成效——

把党章党规党纪培训作为党性教育的重要内容，推动党员干部树立正确的权力观、政绩观、事业观；

将纪律教育摆在更加突出位置，嵌入各类培训班次，经常学、反复讲，持续提高党员干部纪律规矩意识；

组织观看警示教育片、职务犯罪案件庭审，参观廉政教育基地等活动，充分发挥不想腐的思想教育优势；

……

深入骨髓的思想教育，刻骨铭心的精神洗礼，督促广大党员干部勤掸"思想尘"、多思"贪欲害"、常破"心中贼"，进一步提升拒腐防变的思想自觉和行动自觉。

各级纪检监察机关不断健全一体推进"三不腐"机制，在运用案例进行警示教育的同时，持续强化以案为鉴、以案促改、以案促治，做细做实"后半篇文章"，完善防治腐败滋生蔓延的体制机制，充分发挥思想教育"法宝"作用，将其贯穿日常监督和执纪执法全过程。（新华社记者范思翔）

风正好扬万里帆

——党的二十大以来以习近平同志为核心的党中央贯彻执行中央八项规定、推进作风建设综述

八项规定，深刻改变中国。

2023年年终岁末，中共中央政治局一连两天召开学习贯彻习近平新时代中国特色社会主义思想主题教育专题民主生活会。会议的一项重要议程，即是听取关于党的二十大以来中央政治局贯彻执行中央八项规定情况的报告。

党的二十大以来，以习近平同志为核心的党中央时刻保持解决大党独有难题的清醒和坚定，坚持不懈推进中央八项规定精神贯彻落实，驰而不息推进党的作风建设，推动百年大党在自我革命中不断焕发蓬勃生机，团结带领全国人民奋进强国建设、民族复兴新征程。

不松劲、不停步，把贯彻落实中央八项规定精神一抓到底

2022年10月27日，党的二十大闭幕不到一周，习近平总书记带领新当选的二十届中共中央政治局常委来到延安，瞻仰革命圣地。

在延安革命纪念馆，总书记在"延安时期的十个没有"展板前久久驻足。展板之上，列首位的正是"没有贪官污吏"。

"当年毛泽东同志等老一辈革命家在延安，住窑洞、吃粗粮、穿布衣，用'延安作风'打败了'西安作风'。"习近平总书记强调，

"全党同志要把老一辈革命家和共产党人留下的光荣传统和优良作风传承好发扬好，勇于推进党的自我革命，坚定不移推进全面从严治党，始终保持党的先进性和纯洁性，确保党始终成为中国特色社会主义事业的坚强领导核心。"

踏上新征程，展现新风貌。

几个月后，一场新时代中国共产党人的"新的学习竞赛"——学习贯彻习近平新时代中国特色社会主义思想主题教育，在全党深入展开。

2023年3月30日召开的中共中央政治局会议，明确了此次主题教育具体要达到的5个方面目标，其中之一，正是"廉洁奉公树立新风"。

党的作风和形象关系党的创造力、凝聚力、战斗力，决定党和国家事业成败。党的二十大以来，习近平总书记高度重视、亲自谋划新征程上党的作风建设，一以贯之把作风建设向纵深推进——

党的二十大闭幕仅3天，主持召开中央政治局会议，重要议程之一就是审议《中共中央政治局贯彻落实中央八项规定实施细则》；

从党的二十届一中、二中全会，到中央经济工作会议、中央纪委全会，再到学习贯彻习近平新时代中国特色社会主义思想主题教育工作会议等重要场合，都对持之以恒抓好党的作风建设、贯彻落实中央八项规定精神提出新要求；

主持召开的中央政治局常委会会议、中央政治局会议，有多个议题涉及作风建设；

针对党风廉政建设、树立和践行正确政绩观、反对形式主义官僚主义、改进调查研究、推广"四下基层"、查处违规聚餐饮酒等作出一系列重要批示；

在关于政法工作、党的建设和组织工作、新时代办公厅工作、宣传思想文化工作等的重要指示中，就作风建设提出要求……

作风建设无小事。党的二十大以来，习近平总书记就持之以恒贯彻落实中央八项规定精神、深化作风建设作出一系列重要论述，进一步深化了对作风建设的规律性认识，为持续加固中央八项规定堤坝、推动作风建设常态化长效化指明了前进方向、提供了根本遵循——

对中央政治局提出明确要求，强调"中央政治局同志要对照新修订的中央八项规定实施细则，一条一条严格对标对表，不折不扣抓好贯彻落实，重点纠治形式主义、官僚主义顽疾，带头弘扬党的优良作风"。

谈作风建设重点任务，强调"要把纠治形式主义、官僚主义摆在更加突出位置，作为作风建设的重点任务，研究针对性举措，科学精准靶向整治，动真碰硬、务求实效"。

谈加强新时代廉洁文化建设，强调要"深入开展党性党风党纪教育，传承党的光荣传统和优良作风，激发共产党员崇高理想追求，把以权谋私、贪污腐败看成是极大的耻辱"。

谈党校工作，强调"各级党校要敢抓敢管、严抓严管，让学员一进党校就感受到学习之风、朴素之风、清朗之风"。

……

党和人民事业发展到什么阶段，党的作风建设就要推进到什么阶段。风险越大、挑战越多、任务越重，越要加强党的作风建设，以好的作风振奋精神、激发斗志、树立形象、赢得民心。

激浊扬清、久久为功。在以习近平同志为核心的党中央坚强领导下，全党上下锲而不舍贯彻落实中央八项规定精神，不断把作风建设引向深入，一个充满活力的马克思主义政党正以优良的作风形象、饱满的精神状态奋进新征程、建功新时代。

立标杆、作表率，为全党树立光辉榜样

2023年4月，学习贯彻习近平新时代中国特色社会主义思想主题教育启动后，习近平总书记来到广东考察调研。

4天时间、辗转千里,从琼州海峡之畔到珠江之滨,自西向东穿行粤西大地,习近平总书记不辞辛劳,为的是多看一看当地的发展变化,了解掌握更多实际情况。

"很亲切、很和蔼""问得很细致、很具体""没想到总书记对海洋渔业这么了解"……这是基层群众见到习近平总书记的真切感受。

到浙江考察,走进商贸市场同商户、小企业主代表亲切交流;到江西考察,走访直升机生产企业,亲自登上直升机,了解技术研发成果……深入基层、深入一线,始终是习近平总书记地方考察调研的鲜明导向。

以行动作号令,以身教作榜样。

党的二十大以来,习近平总书记18次进行国内考察调研,从革命圣地到改革前沿,从西北边疆到长三角区域,总书记行程密集、步履不停,足迹遍及16个省份。

2023年9月7日,习近平总书记来到受洪涝灾害较重的黑龙江省尚志市老街基乡龙王庙村,看望慰问受灾群众,了解灾后恢复重建进展。从东北谈到华北,习近平总书记说:"我牵挂着受灾的地方。那些地方我之后也会去看。"

2023年11月10日,北方入冬之际,习近平总书记专程来到受灾较重的北京门头沟区、河北保定涿州市,看望慰问受灾群众,检查指导灾后恢复重建工作。

冒着严寒而往,沐着夜色而归。一天时间,乘汽车、换火车,行程横跨京冀两地,足迹覆盖农村、社区、学校、市政设施、水利工程,访居民、见师生、看商铺,入农户、进麦田、上大堤……

"一路走下来,听到了看到了,我心里感到踏实,也是欣慰的,恢复重建工作都在按照计划进行。"

人民群众,始终是习近平总书记最深情的牵挂。

2023年春节前夕,同6个省市基层干部群众视频连线进行看望慰问，与群众拉家常、为群众解难题；

在内蒙古考察调研时正值高考，亲自叮嘱"考生优先"，必要时可调整行车线路；

在上海考察调研时，专门到保障性租赁住房看望新市民，仔细了解生活状况；

……

一言一行，体现带头贯彻执行中央八项规定的鲜明态度；点滴之间，彰显共产党人执政为民的深厚情怀。

2023年金秋时节，习近平主席同来自五洲四海的新老朋友相聚北京，共同出席第三届"一带一路"国际合作高峰论坛。

除出席高峰论坛开幕式并发表主旨演讲、举行欢迎宴会外，从2023年10月17日到20日，习近平主席安排了7个半天的时间，同与会的所有外方领导人分别会谈会见，常常从清晨忘我工作到深夜……

党的二十大以来，习近平总书记出国访问6次25天，到访7个国家，主持4次主场外交，严格执行外事规定，精简随行人员，简化迎送接待，展现出以上率下的务实担当、崇高风范。

李强、赵乐际、王沪宁、蔡奇、丁薛祥、李希同志和中央政治局其他同志认真贯彻落实习近平总书记重要指示要求，严格执行中央八项规定，切实抓好分管领域、部门和所在地方的贯彻落实。

在改进调查研究方面，中央政治局同志围绕全面贯彻党的二十大精神，就推进中国式现代化等重大问题赴地方考察调研。调研中坚持扑下身子、沉到一线，注重通过"四不两直"等方式了解真实情况，力戒形式主义、官僚主义。

在精简会议活动方面，严格控制全国性会议活动数量、规模、会期，优化党中央决策议事协调机构会议组织安排。严格审批越级开会、赴外地开会，采用视频方式召开会议、举办活动日益成为常态。

在精简文件简报方面,坚持"短实新"文风,细化中央文件篇幅字数标准。除党中央统一安排和批准外,中央政治局同志个人没有公开出版著作、讲话单行本以及发贺信、贺电、题词、题字、作序等情况。

在规范出访活动方面,合理统筹出访安排,严格执行出访天数、团组规模、住宿餐饮等方面要求;严格按照规定乘坐交通工具。

在改进新闻报道方面,对篇幅字数、版面安排、时段时长等进一步严格把关。精简全国性会议活动新闻报道。

在改进警卫工作方面,科学部署力量,减少交通管制,减少对群众生产生活的影响。

在厉行勤俭节约方面,坚决落实"过紧日子"要求,进一步压减中央本级"三公"经费预算,严禁地方违规建设楼堂馆所、借债搞"形象工程"。

以身教者从。以习近平同志为核心的党中央认真贯彻执行中央八项规定及其实施细则,不打折扣、不做变通,以实际行动为全党树起标杆、作出示范。

新征程、再出发,推动作风建设向纵深发展

2023年中秋、国庆节前夕,中央纪委国家监委公开通报7起违反中央八项规定精神典型问题,再次释放紧盯关键时间节点、严抓作风问题的鲜明信号。

作风建设永远在路上,永远没有休止符。

党的二十大以来,各地区各部门深入学习贯彻习近平新时代中国特色社会主义思想和党的二十大精神,深刻把握作风建设新形势新任务新要求,持续深化落实中央八项规定精神,科学精准整治作风顽疾,持续激发党员、干部干事创业动力,以作风建设新成效为奋进新征程保驾护航。

凝心铸魂,筑牢作风建设思想政治根基——

"通过集中教育推动全党以自我革命精神解决党风方面的突出问题，是一条重要历史经验。"

2023年6月，习近平总书记在内蒙古考察调研时，就抓实以学正风提出明确要求，为广大党员、干部以过硬作风、扎实举措推动主题教育取得实效指明方向。

党的作风是党的形象，是观察党群干群关系、人心向背的晴雨表。

各地区各部门全面系统深入学习习近平新时代中国特色社会主义思想，在主题教育中采取各种形式，引导广大党员、干部以党的创新理论凝心铸魂，通过深入的检视剖析整改，涤荡思想之尘、作风之弊、行为之垢，将政治标准和政治要求贯穿作风建设始终，着力营造风清气正的政治生态。

突出重点，以钉钉子精神纠治"四风"顽疾——

"查处违反中央八项规定精神问题11860起，批评教育和处理16728人，给予党纪政务处分11870人……"2024年元旦前，中央纪委国家监委网站公布2023年11月全国查处违反中央八项规定精神问题情况月报数据。这已是该数据连续公布的第123个月。

从把纠治形式主义、官僚主义摆在更加突出位置，对搞"半拉子工程""面子工程"以及不担当不作为乱作为等开展专项整治，对粮食购销、耕地保护等领域不正之风强化监督执纪，到针对享乐主义、奢靡之风突出问题加大纠治力度，严肃查处并通报多地领导干部违规聚餐饮酒问题，对办公用房超标问题紧盯不放……

各地区各部门坚持严的基调不动摇，紧盯普遍发生、反复出现的作风顽疾，紧盯问题突出、工作薄弱的领域和地区，靶向发力、重点突破，推动作风建设抓紧抓实、抓出成效。

标本兼治，不断提升作风建设治理效能——

"我们将紧盯领导干部这个'关键少数'，紧盯违规吃喝、违规收送礼品礼金、违规发放津贴补贴或福利等节日多发问题，深挖背后的利益交换、请托办事等风腐一体问题，从严从重查处违规违纪行为……"

2023年端午节前，黑龙江省纪委监委向全省党员干部和公职人员发出廉洁过节提醒，敲响警惕"由风及腐""由风变腐"的警钟。

各地区各部门坚持党性党风党纪一起抓，健全风腐同查机制，坚决纠治不正之风背后的腐败问题，深挖细查腐败案件背后的不正之风。

从针对餐饮浪费和"三公"经费支出等方面存在的问题开展联动联查；到严查酒驾醉驾背后的"四风"问题，曝光典型案例；再到推进监督综合信息平台建设，完善"惩、治、防"工作链条，形成治理合力……

在严查"四风"问题的同时，各地区各部门结合干部队伍教育整顿开展光荣传统和优良作风教育、年轻干部纪律作风教育、警示教育，着力培育新时代廉洁文化，以优良党风政风带动社风民风向上向好，推动移风易俗，不断铲除作风问题滋生土壤。

担当作为，以好作风好形象推动形成狠抓落实的良好局面——

"多亏了你们，现在灌溉土地的费用降低了，还不到原来价格的一半。"2023年12月，在山东济宁市嘉祥县杨楼村，种粮大户高克国高兴地说。

记者了解到，针对村民反映的村里灌溉水费过高的问题，嘉祥县纪委监委开展村集体"三资"专项整治，狠刹漠视侵害群众利益的不正之风，助力乡村振兴提质增效。

一分部署，九分落实。

各地区各部门围绕贯彻落实党的二十大作出的战略部署，采取一系列提升能力、改进作风、强化担当的具体举措，激励广大党员、干部锚定目标真抓实干，解决实际问题、办好民生实事，形成了狠抓落实的良好局面。

作风建设成效如何，人民群众最有发言权。

2023年年底国家统计局社情民意电话调查结果显示，95.7%的受访群众对中央八项规定精神贯彻落实情况总体成效表示肯定。

风清则气正，气正则心齐，心齐则事成。

2024年是新中国成立75周年，是实现"十四五"规划目标任务的关键一年，推进中国式现代化建设任务艰巨，前景壮阔。

在以习近平同志为核心的党中央坚强领导下，全党上下抓铁有痕、踏石留印，不断将作风建设引向深入，定能以优良作风凝聚起14亿多人民团结一心的磅礴力量，把强国建设、民族复兴伟业不断推向前进！（新华社记者孙少龙、王鹏、范思翔）

坚决打赢反腐败斗争攻坚战持久战
——学习贯彻习近平总书记在二十届中央纪委三次全会重要讲话精神

反腐败是最彻底的自我革命。在二十届中央纪委三次全会上，习近平总书记深刻总结新时代以来反腐败斗争取得的重大成果，深刻阐明反腐败斗争面临的新形势新要求，对持续发力、纵深推进反腐败斗争作出战略部署，为新征程上坚决打赢反腐败斗争攻坚战持久战指明了前进方向、提供了行动指南。

党的十八大以来，以习近平同志为核心的党中央以"十年磨一剑"的战略定力推进全面从严治党，以"得罪千百人，不负十四亿"的使命担当推进史无前例的反腐败斗争，反腐败斗争取得压倒性胜利并全面巩固。同时，必须清醒看到，反腐败斗争形势依然严峻复杂，遏制增量、清除存量的任务依然艰巨。我们对反腐败斗争的新情况新动向要有清醒认识，对腐败问题产生的土壤和条件要有清醒认识，始终以永远在路上的坚韧和执着，坚决打赢反腐败斗争攻坚战持久战。

新征程反腐败斗争，必须在铲除腐败问题产生的土壤和条件上持续发力、纵深推进。要坚持一体推进不敢腐、不能腐、不想腐，深化标本兼治、系统施治，不断拓展反腐败斗争深度广度，对症下药、精准施治、多措并举，让反复发作的老问题逐渐减少，让新出现的问题难以蔓延，推动防范和治理腐败问题常态化、长效化。

持续发力 纵深推进 将全面从严治党进行到底

逆水行舟，一篙不可放缓；滴水穿石，一滴不可弃滞。面对依然严峻复杂的形势，反腐败绝对不能回头、不能松懈、不能慈悲，必须持续保持惩治腐败高压态势，永远吹冲锋号，把严的基调、严的措施、严的氛围长期坚持下去，始终保持零容忍震慑不变、高压惩治力量常在。要持续盯住"七个有之"问题，把严惩政商勾连的腐败作为攻坚战重中之重，坚决打击以权力为依托的资本逐利行为，坚决防止各种利益集团、权势团体向政治领域渗透。要深化整治金融、国企、能源、医药和基建工程等权力集中、资金密集、资源富集领域的腐败，惩治"蝇贪蚁腐"，让群众有更多获得感。要加大对行贿行为惩治力度，严肃查处那些老是拉干部下水、危害一方的行贿人，加大对行贿所获不正当利益的追缴和纠正力度。

善除害者察其本，善理疾者绝其源。腐败的本质是权力滥用，必须加强对权力运行的制约和监督，把权力关进制度的笼子里。要深化改革阻断腐败滋生蔓延，抓住定政策、作决策、审批监管等关键权力，聚焦重点领域深化体制机制改革，加快新兴领域治理机制建设，完善权力配置和运行制约机制，建立腐败预警惩治联动机制，加强廉洁风险隐患动态监测，强化对新型腐败和隐性腐败的快速处置。要进一步健全反腐败法规制度，围绕一体推进不敢腐、不能腐、不想腐等完善基础性法规制度，健全加强对"一把手"和领导班子监督配套制度，持续推进反腐败国家立法，与时俱进修改监察法，以学习贯彻新修订的纪律处分条例为契机，在全党开展一次集中性纪律教育，加强重点法规制度执行情况监督检查，确保一体遵循、一体执行。

办好中国的事情，关键在党，关键在党要管党、全面从严治党。新征程上，必须加强党对反腐败斗争的集中统一领导。各级党委要切实强化对反腐败斗争全过程领导，坚决支持查办腐败案件，动真碰硬抓好问题整改。纪委监委作为专责机关，要更加主动担起责任，有力有效协助党委组织协调反腐败工作，整合反腐败全链条力量。各职能部门要坚持高效协同,自觉把党中央反腐败的决策部署转化为具体行动。全面从严治党永远在路上,反腐败没有休止符。让我们在以习近平同志为核心的党中央坚强领导下,以自我革命的精神、刀刃向内的勇气、抓铁有痕的力度,将反腐败斗争进行到底,坚决打赢这场攻坚战持久战。(新华社评论员)

中央纪委国家监委公开通报六起形式主义、官僚主义典型问题

中央经济工作会议对广大党员干部涵养优良作风、推动高质量发展提出明确要求，强调要不折不扣抓落实、雷厉风行抓落实、求真务实抓落实、敢作善为抓落实。形式主义、官僚主义是实现新时代新征程党的使命任务的大敌，必须动真碰硬、靶向纠治。日前，中央纪委国家监委对6起形式主义、官僚主义典型问题进行公开通报。具体如下：

河南省信阳市息县在农村人居环境整治中层层加码、检查考评过多过频、搞"面子工程"等问题。息县在推进人居环境整治工作中，脱离实际、违背干部群众意愿随意决策，出台文件"一刀切"要求定期清理本地区国道、省道、县道等主干路两侧野树杂草，留茬高度在10厘米左右。只顾"面子"、不顾"里子"，对主干路两侧可视范围和领导干部调研检查经常走的线路整治标准要求过高，这些公路两侧反复割草、干净整洁，但村内环境特别是背街小巷脏乱差；对公路沿线某村庄12户房屋"刷白墙""加青瓦"，但对村内其他房屋未作任何整修，形成鲜明反差，整治工作变形走样。检查考评过多过频、层层加码，信阳市实行"每月一暗访一通报、一季度一考评"，息县实行"每日一通报、每周一排序、每半月一评比、每月一奖惩"，项店镇频繁开展督导检查、观摩评比，采取贴照片等方式通报排名靠前、靠后的村党支部书记，增加基层干部和群众负担。信阳市副市长、息

县县委原书记汪明君受到党内严重警告处分；息县县委书记管保臣，县民政局局长、项店镇党委原书记陈敏受到党内警告处分；息县农业农村局党组书记、局长黄树伟受到党内严重警告处分，其他责任人员受到相应处理。

新疆维吾尔自治区墨玉县委原书记张冠军乱作为、假作为，搞"形象工程""政绩工程"问题。2017年至2023年，张冠军在乡村振兴迎检等工作中弄虚作假搞"面子工程"，花费大量财政资金在农业园区大门等位置安装大型电子显示屏、建设参观通道，多次组织养殖户临时集中以制造市场繁荣、交易活跃假象；在项目推进中重规模、轻效益，重立项、轻管理，导致大量资产长期闲置，浪费巨额财政资金。张冠军还存在其他违纪违法问题，被开除党籍、开除公职，涉嫌犯罪问题被移送检察机关依法审查起诉。

江西省文化和旅游厅原党组书记、厅长李小豹政绩观扭曲，急功近利、层层加码、脱离实际设定目标问题。2013年至2021年，李小豹在担任萍乡市市长、市委书记期间，不顾实际在萍乡经济技术开发区大肆上马房地产项目，把经开区变成"房地产开发区"；盲目追求政绩，要求全市在3年内建成全国第一个全域"海绵城市"，工程质量问题频发，干部群众反映强烈；急功近利，为全市项目观摩考核设定不切实际的目标，导致一些县区脱离实际花巨资"堆盆景"，甚至弄虚作假造项目。李小豹还存在其他严重违纪违法问题，被开除党籍、开除公职，2023年3月因受贿罪被判处有期徒刑十二年。

贵州省政协原党组副书记、副主席周建琨在调研中搞形式主义、官僚主义，热衷舆论造势、做表面文章问题。2016年至2021年，周建琨在任毕节市委书记期间，搞"打卡式""作秀式"调研，有时一天要调研十多个点，到调研点与基层干部握握手、说两句话、拍几张照后即离开，不深入群众了解、解决实际困难。在调研过程中挑剔吃住、专车开道，增加基层负担。热衷搞舆论造势，支持他人写书宣扬其"功绩"，并安排财政资金购买该书，分发给干部学习。周建琨还存在其他严重违纪违法问题，被开除党籍、开除公职，涉嫌犯罪问题被移送检察机关依法审查起诉。

黑龙江省财政厅原党组成员、副厅长薛英杰等人不作为、慢作为、抓落实不力问题。2020年至2021年，薛英杰等人落实上级决策部署不力，未按规定及时分解下达中央财政拨付的部分玉米、大豆等补贴资金，致使巨额补贴资金闲置超1年，其中部分资金闲置超2年，严重影响中央补贴资金使用质效。薛英杰受到党内严重警告处分，其他责任人员受到相应处理。

重庆市沙坪坝区中梁镇党委原书记梁小丹等人贯彻耕地保护政策打折扣、乱作为问题。2020年至2021年，沙坪坝区中梁镇党委、政府在未办理农用地转用审批手续的情况下，违法占用耕地442亩（含永久基本农田275亩），用于建设斐然湖绿化景观项目。2020年，国务院对坚决制止耕地"非农化"作出明确部署后，中梁镇有禁不止，仍继续推动项目建设，建成步道、绿化景观等。梁小丹受到党内警告处分，其他责任人员受到相应处理。

中央纪委国家监委指出，把中国式现代化宏伟蓝图一步步变成美好现实，必须真抓实干、狠抓落实，坚决反对形式主义、官僚主义。当前一些地方和干部口号响落实差、不作为乱作为等问题依然存在，影响党中央决策部署落地，侵蚀干部群众获得感，必须严纠严治。中央经济工作会议对高质量落实党中央决策部署，纠治形式主义、官僚主义提出明确要求。各级党组织和领导干部要认真学习领会、自觉对标对表，深入检视在落实党中央决策部署上是否做到了不折不扣、雷厉风行、求真务实、敢作善为，力戒形式主义、官僚主义，统筹把握时度效，聚焦、聚神、聚力抓落实，以担当诠释忠诚，用实干推动发展。

中央纪委国家监委强调，各级纪检监察机关要把推进中国式现代化作为最大的政治，把坚持高质量发展作为新时代的硬道理，充分履行职能职责,坚决纠治形式主义、官僚主义,确保党中央决策部署落实见效。要紧跟党中央因时因势作出的决策部署,把纠治形式主义、官僚主义作为一项重要工作,聚焦重点岗位、重点领域、重要环节,加强监督检查,打通落实中的堵点淤点难点,纠正执行中的温差落差偏差,确保最终效果符合党中央决策意图。要坚持严的基调、严的氛围、严的措施,强化问题导向,坚决纠治落实党中央决策部署做选择、搞变通、打折扣,不作为、慢作为、乱作为,搞"政绩工程"、做表面文章,抓工作简单机械、层层加码,以及加重基层负担的形式主义、官僚主义等问题,切实把严的标准立起来,把实的作风树起来。要强化系统施治,紧盯领导机关和领导干部,紧盯党性觉悟根源,紧盯政绩观、权力观,科学精准靶向施策,大力发扬真抓实干、担当作为、团结奋斗的时代新风,凝聚磅礴的奋进力量。

警惕贪腐"年轻化""低职化"

年轻干部涉腐案件呈现出诸多新特点：网络成为诱发腐败的重要源头；涉案年轻干部虽然级别不高，但大多身处重要岗位、关键环节，容易出现"小官大腐"；技术犯罪等特征明显，腐败行为具有较强隐蔽性。

年轻干部的优势是理论功底高、悟性高，不足是阅历较浅、基层实践经历较少，底线意识还不坚牢。

腐败年轻化，催生反腐新命题。近日，《瞭望》新闻周刊记者在十多个省份60余个县市调研发现，2021年换届以来，部分"80后""90后"干部走上领导岗位，择优提拔的年轻干部充实活跃了干部队伍，同时，贪腐"年轻化"和"低职化"现象也露出苗头。

采访中，有专家谈到，少数年轻干部因学习不够、底线不强、敬畏不足，被"围猎"时容易把握不住自己。从中央纪委国家监委网站通报的年轻干部案例来看，有的在岗时间短但腐化堕落快，有的职位不高但贪污金额不低，有的虚荣攀比甘心被围猎，有的利用技术手段获取不义之财等等，反映出腐败年轻化的新特征。预防腐败年轻化，扎紧制度笼子的同时，更应做实做细教育管理监督，帮助年轻干部"扣好第一颗扣子"。

朱慧卿图 / 本刊

腐败年轻化呈现新特点

通过梳理近年来公开披露的多起涉腐案例,记者发现,腐败分子中的年轻面孔屡有出现。这些案件呈现出诸多新特点:网络成为诱发腐败的重要源头;涉案年轻干部虽然级别不高,但大多身处重要岗位、关键环节,容易出现"小官大腐";技术犯罪等特征明显,腐败行为具有较强隐蔽性。

"涉网"腐败现象明显。年轻干部多为"触网一代",他们"与网同行"既受其利,把控不好也会深陷网络赌博、网络游戏、直播打赏旋涡,诱发腐败。

从公布的案例看,一些涉案年轻干部"因网而腐":有的收受贿赂炒股理财,有的修改网络程序挪用公款超前消费,有的截留民生资金升级网游装备、打赏网络主播等。

级别不高,涉案金额不少。涉案年轻干部很少有处级、厅级干部,大部分是机关、街道的科级或股级干部,但涉案金额往往令人震惊。南方某市公安局人事科"85后"副科长唐某,从2015年至2018年底,利用职务之便将23名亲朋好友姓名加入辅警人员工资表,以冒领工资的方式侵吞公款200余万元。

技术犯罪特征明显,具有一定隐蔽性。由于对新技术的接受和掌握程度较高,少数年轻干部甚至通过修改网络程序、代码等方式作案,犯罪手法日趋智能化。河南省濮阳市华龙区机关事业单位社会保障中心原干部穆某将单位收费的二维码篡改为个人支付宝二维码,违规收取辖区机关事业人员补缴的养老保险费60多万元。

为何刚启航就"偏航"

记者调研发现,少数年轻干部陷入贪腐泥潭,理想信念缺失是内在诱因,"腐败侵蚀"和监督弱化则是外在因素。

有活力、少定力,少数年轻干部学习不够。一些受访市县领导干部表示,年轻干部广泛接触互联网和市场,对基层问题有独到见解,遇事有激情,也容易被错误观念裹挟。湖南中部某县级市委书记说,年轻干部仍需要在艰苦工作中坚定信念、磨炼意志品质,降低犯错误的风险。

须提高底线意识,提高敬畏心。河北、山东多名地市主官表示,年轻干部的优势是理论功底高、悟性高,不足是阅历较浅、基层实践经历较少,底线意识还不牢。"去年通报的案例里,少数年轻干部对组织对事业没有敬畏心,导致工作不久就出问题。"山东省一名市委书记说。

部分年轻干部过早成为"天花板"型干部。或是因为前期提拔较快,或是因为上升通道狭窄,少数基层年轻干部提拔后后续教育监督管理没跟上，躺平也快，加剧腐败风险。

"以乡镇为例，参公、事业身份的干部比例很高，这部分干部晋升机会较少，有干部30多岁当上乡镇长，就很难有晋升空间了，如果管理呵护跟不上就容易意志衰退。"湖南中部某县级市纪委书记说。

挣得少、花得多，基层薪酬与年轻群体消费习惯不适。基层干部待遇不高，个别会遇到"挣得不够花"的情况，在"围猎"时容易动摇。"从省直单位到县里任职工资直接砍去一半，乡镇干部的工资更低，个别干部就想着法在工程上捞钱。"山西省一名"蹲苗"县委副书记说。

"对症下药"筑牢拒腐防线

守住年轻干部拒腐防变防线，既要加强监督管理、将制度规范落实落细，也要创造条件更好呵护年轻干部健康成长。

加强初心和使命教育，提升年轻干部教育的针对性和有效性。结合年轻干部的思想特点、群体性特点等，有针对性地加强教育、管理和监督，帮助他们扣好廉洁从政"第一粒扣子"。山西省灵石县委书记韩军说，干部可结合调查研究与主题教育，针对不同类型干部进行专项教育，提升年轻干部的政治素养和工作能力。

同时，抓好主要领导，以领导的示范性带动年轻干部的积极性。深圳市宝安区委书记王守睿说，基层往往是"一级带着一级干、一级做给一级看"，组织的威信在于主要领导，通过主要领导才能带动整个组织。

加强人文关怀，是决定年轻干部成长进步的关键所在。相关部门应为基层年轻干部解决工作和生活中的实际困难，让年轻干部无后顾之忧，将更多精力集中于实际工作，增强年轻干部的归属感、荣誉感和获得感。

广东省梅州市委书记马正勇、山东省荣成市市长郑跃文等人表示，可适当增加机关单位的集体活动，尤其对于交流干部更应给予生活、家庭方面的关心，通过感情凝聚干部。

加强精细化考核，在一线实践中锻炼年轻干部。多位受访干部建议，可通过建立政治档案、实绩档案，制定短、中、长期年轻干部培养计划，突出选拔在一线"战场"中冲在前、做得实、干得好的年轻干部。"我们县里挑选了征地拆迁、乡村振兴、项目建设等20多个急难险重任务作为检验年轻干部攻坚能力的'主战场'，并且制定了跟踪考核评价办法，及时发现、考核年轻干部。"福建三明一名县委书记说。（《瞭望》新闻周刊记者王劲玉，参与记者：陈弘毅、周科、陈国峰、曹国厂、刘邓、闵尊涛、覃星星、席敏、谢奔、佘勇刚、邓中豪）

警惕基层形式主义新动向

形式主义，是干部群众深恶痛绝、反映强烈的问题。特别是基层，形式主义不仅加重负担，割裂干群关系，还会导致政策执行环节变形走样。

党的十九大以来，以习近平同志为核心的党中央把整治形式主义为基层减负作为党的作风建设的重要内容来抓。各地区各部门持续发力，解决了一批形式主义突出问题，刹住了一些歪风邪气。

中央纪委国家监委网站近日公布了全国查处违反中央八项规定精神问题情况月报数据。通报显示，2022年10月，全国共查处形式主义、官僚主义问题4131起，批评教育帮助和处理6389人。

需要注意的是，形式主义具有顽固性、反复性。近期，《瞭望》新闻周刊记者在多个省（市）采访发现，少数地方基层出现了过程管理机械过度、技术赋能成"数字负担"、调查研究含金量不高、考评考核存"数据依赖"等形式主义新动向。力戒形式主义，需一以贯之优化基层治理体制机制，一抓到底，常抓不懈。

重"痕"更要重"绩"

因留痕要求过严过细导致的形式主义问题，在一些基层地区比较普遍。事事时时留痕，易引发以过程导向的"做过了"，代替问题导向、结果导向的"解决了""做好了"，未能解决实际问题，徒增基层负担。

过度留痕"一刀切"。有的地方开展"马路办公"活动，要求下辖所有部门和乡镇每周进行一次马路办公，并且拍照留痕。拍照"场景"换成田间地头或村民家中都不行。"我们清塘修路时忘了拍照，还得把忙活了一天的人都喊回来再重新拍照。"中部某省某村村支部书记告诉记者。

量化管理"后台嗨"。有基层干部反映，完成一件任务不仅要按时交账，还要过程控制，每周、每月、每季度、每半年、每一年，都得有台账和汇报。基层花费大量时间应付各种清单和报表。"过度体现量化指标，容易忽略对百姓获得感的衡量。"武汉大学社会学院教授吕德文表示。

成绩不够，材料来凑。有基层干部反映，一天到晚忙于写材料，没有时间和精力了解基层真实情况。东部沿海某市一街道办事处的工作人员自嘲是熬夜写材料、造概念的"缝纫工"。"天天在基层，却没空下基层"。

受访干部和专家认为，优化过程管理应以问题导向、结果导向为前提，力避重"痕"不重"绩"，留"迹"不留"心"。

"应加强源头治理，建立健全务实管用的干部评价机制，引导干部树立正确政绩观，把精力用到抓落实、干实事上来。"中共天津市委党校政治学与统战理论教研部主任张亚勇说，最好的"留痕"，是百姓的口碑。

治理创新谨防急功近利

记者在采访中发现，一些地方和部门为创新而创新。有的"徒有其表"，精力用在美化材料、宣传造势上；有的"急功近利"，开展工作不看长远、不成系统，追求形象工程，缺乏科学论证。

几年前，为优化农村人居环境、提升群众生活品质，西南某省多地着力打造新农村庭院经济升级工程。前不久，记者在当地部分农村地区看到，昔日如火如荼打造的"美丽乡村"风光不再——棚架倒塌，栅栏损坏，果树死亡。

"当时要求我们砍树伐木搭棚架以方便乘凉，可我们这里是出了名的避暑消夏去处，从棚架进入家中仅一步之遥，有必要建吗？"一位村民说。

华北某市一街道工作人员认为，为创新而创新现象，既有工作作风漂浮不务实的原因，也跟一些地方考核过分强调"创意""亮点"有关。

一些受访基层干部认为，基层治理需要创新，干部也有创新的动力和经验，但创新应以解决实际问题、服务好群众、落实好政策为前提。忽视问需于民、缺乏科学调研，就容易导致创新欠缺适配性、实用性、可操作性，沦为"自嗨"，乃至浪费资源。

吕德文认为，面对基层治理中出现的新情况新问题，一线人员和政策研究部门需要共同研究、科学谋划，明确创新方向，及时调整细节，不断完善创新举措，使之符合基层实际。

技术赋能莫成"垒包袱"

一些基层干部反映，近年来，政务新媒体发挥了推进政务公开、优化政务服务、创新社会治理等作用，但也出现了技术赋能变"指尖上形式主义"等问题。

华北某市于2019年上线全市一体化社会治理信息化App。当地一位社区党组织书记告诉记者，App建成之初，推动各级部门联动，更好地解决了一些实际问题。但后续落实过程中，有形式化倾向。"比如，只允许填报自行处置的问题，不允许填报'吹哨'问题。这就导致'单打独斗'解决不了的问题依然难以解决；而社区能自行解决的问题，还需在信息系统里体现，增加负担。"

有基层干部反映，上级部门以问题填报多少为标准来考核社区。

"我们只能每人每天填15条类似捡垃圾等'不算问题的问题'。后来发现考核排名还是靠后，现在已经改成了每人每天30条。"该社区党组织书记说，"现在每天花在这上面的时间，至少一小时。"

湖南大学廉政研究中心执行主任袁柏顺建议，应科学评估和精准衡量政务App实际效能，对功能冗杂、意义不大的坚决去除，确有保留必要的可集成为统一的信息平台，推进政务资源互联互通、信息共享。

有基层干部反映，一些职能部门扎堆下考核任务，垒起了"数据包袱"。

华东地区某经济发达地级市的县级市下属镇，提供了这样一组数据：2022年度，该镇共接待了23个部门督查组，督查内容涉及60个方面。一些基层干部表示，历次督查涉及的统计数据中很多可以"合并同类项"，但因上级部门数据不联通、重复调度，导致基层重复做功，挤压用于其他本职工作的时间和精力。

受访专家表示，"以督查促落实"是行之有效的治理手段，在实践中应把握好督查检查的层次、频次、方法，统筹协调、精简合并，切实为基层治理减负。

调研"含金量"需提升

记者采访发现，一些地方在调查研究中存在只见主题不见问题，选择枝节问题回避重点问题，多个问题并行但主要问题模糊等情况，影响调查研究走深走实。

个别地区调查研究"嫌贫爱富"。一些基层干部反映，在调研点选择中，矛盾集中、问题堆积的落后样本或非典型村少有人问津，而亮点多、成就大、经验丰富的部分典型村、示范村却是"明星点位"和"经典线路"，几乎"天天有学习观摩，周周有领导调研"。村支书忙于讲解接待，村干部不堪其扰。

有的领导干部"彗星式调研"走马观花。"有的调研，只是站一站、看一看、转一转，不出思路，也缺少服务"。华北某市一民营企业创始人说，不同部门领导来企业调研过多次，但没解决什么实际问题。

受访专家认为，调查研究中的形式主义成因复杂。其中，既有心态消极等主观原因，也有调研能力不足、调研制度缺位等客观原因。调查研究力戒形式主义，需多管齐下，在树立正确认识、不断提升调研能力、持续优化调研过程管理、完善和落实调研机制等方面下功夫。

跳出满意度调查"满分怪圈"

当前，不少部门单位用满意度调查作为衡量工作成效、评价工作作风的方式，收到良好效果。但在实际操作中，有的地方在考核压力下出现了"讨好评"情况，让满意度调查走形。

中南某市属医院的负责人告诉记者，"99%的满意率"，可能放在全世界任何地方的服务行业都是高分。但在当地医疗系统，这个成绩却可能会被问责。

据了解，当地面向全市服务部门制定考评机制，方便办事群众衡量政务服务成效，评价工作作风。"在实际运行中，考评结果跟问责挂钩，本来就很忙碌的临床科室，也要投入大量的人力精力去盯扫码评价、防被差评，一线工作人员压力巨大。"该负责人说。

该负责人告诉记者："随着时间的推移，考评数据越来越夸张。一开始，90%的满意率很正常；如今，不是100%就有可能被问责。"记者了解到，今年9月，该院50多个科室中满意率100%的有近40个，最差的成绩是满意率99.92%。

多位基层干部和群众认为，从根本上提高群众满意度，必须把功夫下在日常，把工作干好、服务做优，让工作成效经得住时间的考验和群众的评价。

"摆脱满意度考核的'数据依赖',要树立以为民办实事为目标的正确政绩观,更要转变考核考评工作的思路和方式。"张亚勇建议,将群众评价、业内评价、上级部门评价等多种手段结合起来,建立健全更科学反映部门工作的评价机制。(《瞭望》新闻周刊记者胥舒鹜、席敏、熊琦、尹思源、蒋成、邵琨、韩朝阳、孙清清、谢奔、张漫子、安路蒙、黄浩然、浦超)

 延伸阅读

2023年中国正风反腐"成绩单"

前三季度，全国纪检监察机关共立案中管干部54人、厅局级干部2480人、县处级干部2万人；1月至10月，全国共查处违反中央八项规定精神问题79721起，批评教育114238人，其中包括7名省部级干部、589名地厅级干部……

回眸2023年，正风肃纪反腐工作保持高压态势，紧盯重点领域、关键环节，推动从个案清除、重点惩治向系统整治、全域治理提升转变，为经济社会高质量发展清障护航。

前三季度立案47万件 惩治腐败保持高压态势

2023年前三季度，全国纪检监察机关共处置问题线索128.3万件，立案47万件；和2022年同期相比，两项数据都有所增长。

"处置问题线索数、立案数保持高位，向全社会释放出反腐惩恶一严到底、一刻不停歇的清晰信号。"北京师范大学法学院教授彭新林认为，今年以来，惩治腐败持续保持高压态势，腐败增量遏制更加有力，腐败存量清除卓有成效，"不敢腐"的强大震慑充分显现。

"不敢腐、不能腐、不想腐一体推进，'不敢'是前提。"清华大学廉政与治理研究中心副主任宋伟表示，如果没有严厉的惩治，教育、监督、制度等就无法"长牙""带电"，立案中管干部、厅局级干部等数据也充分说明，各级纪检监察机关始终紧盯"关键少数"开展监督检查和审查调查，推动腐败治理效能不断提升。

| 持续发力 纵深推进 将全面从严治党进行到底 |

公开通报　　　　　　　　　　　新华社发　朱慧卿　作

除"硕鼠"挖"蛀虫" 重点领域反腐深入推进

"中国工商银行原党委委员、副行长张红力接受中央纪委国家监委纪律审查和监察调查。"

2023年11月4日，中央纪委国家监委网站发布的"一句话"新闻，引起社会广泛关注。记者了解到，截至目前，该网站今年已公开发布40多名中管干部接受审查调查的消息，其中不乏金融、粮食购销等领域的高官。

北京大学廉政建设研究中心副主任庄德水认为，金融、国企、政法、粮食购销、医疗等重点领域关乎国计民生，且政策支持力度大、投资密集、资源集中，腐败问题易发多发。反腐高压之下，仍有人不收敛不收手，要毫不手软、重拳出击，持续深化重点领域腐败治理。

"以金融领域为例，该领域专业度高、隐蔽性强，行为人社会关系复杂、反侦查能力强，是新型腐败、隐形腐败的集中地、多发区。"北京师范大学法学院教授张磊表示，金融腐败背后潜藏着金融风险，严重威胁国家金融安全,多名金融领域高官落马,释放出的正是坚决清除金融领域"内鬼"、持续深化金融领域反腐败工作的强烈信号。

"捉鼠" 　　　　　　　　　　　　新华社发　商海春　作

前 10 个月查处违反中央八项规定精神问题近 8 万起 抓作风一刻不松

2023 年 1 月至 10 月,全国共查处违反中央八项规定精神问题 79721 起;批评教育 114238 人,其中包括 7 名省部级干部、589 名地厅级干部;党纪政务处分 80096 人。到今年 11 月,中央纪委国家监委已连续 122 个月公布月报数据。

从查处问题类型来看,"在履职尽责、服务经济社会发展和生态环境保护方面不担当、不作为、乱作为、假作为,严重影响高质量发展"方面查处问题数最多,达 29608 起,约占总问题数的 37.1%。

"作风和腐败问题同根同源、互为表里,不正之风滋生腐败问题,腐败问题又会助长和加剧不正之风,甚至催生新的作风问题。"彭新林表示,作风问题要标本兼治,法规制度至关重要,要查找制度短板、完善配套措施,纠树并举、破立并进,持续加固中央八项规定堤坝、巩固作风建设成果。

张磊认为，不担当、不作为、乱作为、假作为等现象，是党员干部慵懒怠政的典型表现，虽然和通常认为的腐败问题表现不同，但其对经济社会发展的影响同样恶劣。同时，这类问题往往因隐蔽性、复杂性较强而屡禁不止，从而严重影响党中央决策部署的落地落实。要持续加强惩治力度、强化思想建设、完善体制机制，从根本上铲除此类问题滋生的土壤。

前三季度立案行贿人员1.2万人 继续推动受贿行贿一起查

2023年7月22日，中央纪委国家监委通报2023年上半年全国纪检监察机关监督检查、审查调查情况。一个变化引人注目——增加了立案行贿人员的相关数据。

受贿行贿一起查　　　　　　　　　　　　新华社发 勾建山 作

坚持受贿行贿一起查。今年前三季度全国纪检监察机关立案行贿人员1.2万人，移送检察机关2365人，其中仅第三季度就向检察机关移送行贿人员964人，形成了有力震慑。

宋伟认为，这些数据充分体现了今年以来受贿行贿一起查工作取得的新进展新成效。2023年3月份中央纪委国家监委、最高检联合发布行贿犯罪典型案例，7月份十四届全国人大常委会第四次会议审议刑法修正案（十二）草案中拟对一些严重行贿情形加大刑事追责力度等，都充分体现了严打行贿行为的决心。

"随着全面从严治党深入推进，受贿行贿一起查的理念已深入人心，但实际操作中仍存在'重受贿、轻行贿''重调查、轻处置'等问题。"庄德水表示，在保持高压震慑、持续打击的同时，要更加重视查办案件和追赃挽损一体推进，同时强化对行贿人的联合惩戒，健全行贿人"黑名单"制度，不断压缩围猎者的生存空间。

公开现任或原任村党支部书记、村委会主任立案人数
推动全面从严治党向基层延伸

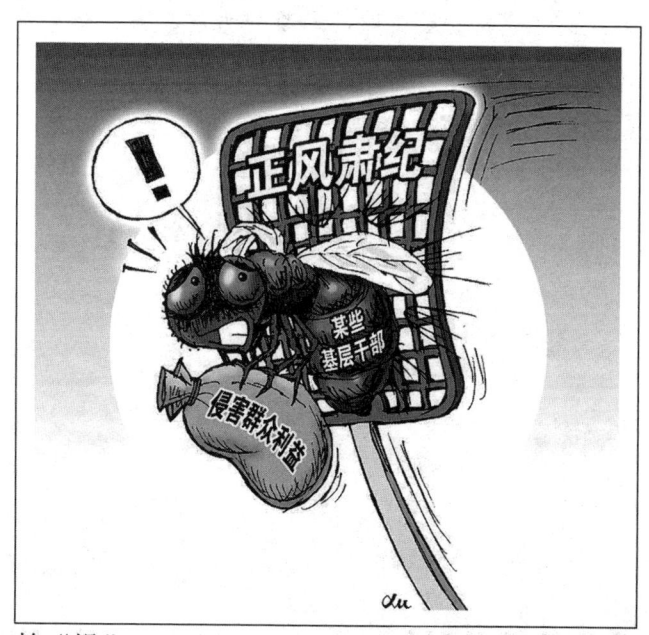

拍"蝇"　　　　　　　　　　新华社发　徐骏　作

"贵州省三都水族自治县都江镇坝辉村原党总支书记、村委会主任杨胜义私设'小金库'、套取项目资金并私分，受到开除党籍处分，按程序免除村委会主任职务……"

近期，贵州省纪检监察机关查处通报一批侵害群众利益的村干部特别是"一肩挑"人员典型案例，折射出整治发生在群众身边腐败问题的鲜明态度。

村干部面临的廉洁风险不容忽视。在2023年7月中央纪委国家监委通报的上半年全国纪检监察机关监督检查、审查调查情况中，首次公开了现任或原任村党支部书记、村委会主任立案人数。

2023年1月至9月，全国纪检监察机关共立案现任或原任村党支部书记、村委会主任4.6万人，其中7月至9月立案1.5万人。

"群众身边的不正之风和腐败问题是老百姓感知最强烈、也最为痛恨的。"宋伟表示，首次公开现任或原任村党支部书记、村委会主任立案人数，加大村级基层腐败问题查处力度，充分体现出全面从严治党正在不断向基层延伸，切实增强了人民群众的获得感、幸福感、安全感。（新华社记者孙少龙、李雄鹰）

第四章

永远在路上

扫一扫，观看
《永远吹冲锋号》

永远在路上

——以习近平同志为核心的党中央引领全面从严治党向纵深推进

治国必先治党,党兴才能国强。

进入新时代,以习近平同志为核心的党中央以前所未有的勇气和定力推进全面从严治党,开辟了百年大党自我革命的新境界,探索出依靠党的自我革命跳出历史周期率的成功路径。

踏上新征程,推进强国建设、民族复兴伟业,习近平总书记向全党发出号召——

"要站在事关党长期执政、国家长治久安、人民幸福安康的高度,把全面从严治党作为党的长期战略、永恒课题,始终坚持问题导向,保持战略定力,发扬彻底的自我革命精神,永远吹冲锋号,把严的基调、严的措施、严的氛围长期坚持下去,把党的伟大自我革命进行到底。"

制胜之道——"我们只有勇于自我革命才能赢得历史主动"

2023年年终岁尾,北京中南海怀仁堂。

中共中央政治局一连两天召开学习贯彻习近平新时代中国特色社会主义思想主题教育专题民主生活会,总结成绩,查摆不足,进行党性分析,开展批评和自我批评。

"勇于自我革命是我们党最鲜明的品格和最大优势。中央政治局的同志要始终按照马克思主义政治家的标准严格要求自己，在洁身自好、廉洁自律上为全党树标杆、作表率。"习近平总书记在会上的重要讲话，体现以上率下持续推进党的自我革命的明确要求。

成其身而天下成，治其身而天下治。

全面建设社会主义现代化国家、全面推进中华民族伟大复兴，关键在党。伟大事业掀开新篇章，伟大工程更须开创新局面。

秉持"党的自我革命永远在路上"的自觉，警醒全党时刻保持解决大党独有难题的清醒和坚定——

2022年10月27日，党的二十大闭幕不到一周，习近平总书记带领二十届中共中央政治局常委来到中国革命"胜利的出发点"延安。

在杨家岭毛泽东同志旧居里，一张泛黄的照片吸引了习近平总书记的目光。那是1945年7月初，毛泽东同志到机场迎接前来考察的黄炎培一行。

当年，在延安的窑洞里，黄炎培提出如何跳出"其兴也勃焉，其亡也忽焉"历史周期率的问题，毛泽东同志给出第一个答案，就是"让人民来监督政府"。

如今，以习近平同志为核心的党中央在新时代全面从严治党伟大实践中给出第二个答案，这就是自我革命。

此次延安之行，习近平总书记再次强调："勇于推进党的自我革命，坚定不移推进全面从严治党，始终保持党的先进性和纯洁性，确保党始终成为中国特色社会主义事业的坚强领导核心。"

党的十八大以来，全面从严治党是新时代伟大变革的重要组成部分，也是重要政治保障，产生了全方位、深层次影响。

面对新时代全面从严治党的历史性、开创性成就，习近平总书记始终冷静清醒。

2022年10月12日，在党的十九届七中全会上，习近平总书记语重心长地说："大党大国，既是我们办大事、建伟业的优势，也使我们治党治国面对很多独有难题。"

2023年6月30日,在陕西延安宝塔山参观的党员干部重温入党誓词。新华社记者 张博文 摄

几天后,在党的二十大上,习近平总书记向全党提出一个重大论断:"我们党作为世界上最大的马克思主义执政党,要始终赢得人民拥护、巩固长期执政地位,必须时刻保持解决大党独有难题的清醒和坚定。"

何为大党独有难题?

"如何始终不忘初心、牢记使命,如何始终统一思想、统一意志、统一行动,如何始终具备强大的执政能力和领导水平,如何始终保持干事创业精神状态,如何始终能够及时发现和解决自身存在的问题,如何始终保持风清气正的政治生态,都是我们这个大党必须解决的独有难题。"2023年1月,在二十届中央纪委二次全会上,习近平总书记以"六个如何始终"作出深刻分析。

历史重大关头，中国共产党人始终常怀忧虑、居安思危，以彻底的自我革命精神检视自身，彰显强烈的历史自觉和使命担当。

深知"强大的政党是在自我革命中锻造出来的"，不断在实践基础上深化对管党治党的规律性认识——

2023年6月30日下午，党的生日前夕，中共中央政治局就开辟马克思主义中国化时代化新境界进行第六次集体学习。

谈及理论创新要及时科学解答时代新课题，习近平总书记明确要求：在世界马克思主义政党命运比较和我们党长期执政面临的现实考验中深化对党的自我革命战略思想的规律性认识。

从在党建领域鲜明提出"自我革命"，到强调勇于自我革命"是我们党最鲜明的品格"；从提出"以伟大自我革命引领伟大社会革命"的"两个革命"重要论述，到突出强调党的建设新的伟大工程在"四个伟大"中的决定性作用……

进入新时代，以习近平同志为核心的党中央深刻总结党的历史经验特别是党的十八大以来的新鲜经验，提出了党的自我革命的重要论断并形成战略思想。

党的二十大报告中，"健全全面从严治党体系"的要求格外醒目，这是这一表述在党的全国代表大会报告中首次提出。

如何推进这一"具有全局性、开创性的工作"？

"健全这个体系，需要坚持制度治党、依规治党，更加突出党的各方面建设有机衔接、联动集成、协同协调，更加突出体制机制的健全完善和法规制度的科学有效，更加突出运用治理的理念、系统的观念、辩证的思维管党治党建设党。"习近平总书记指明路径要求。

实践不断扩展，认识不断深化。

2023年6月召开的全国组织工作会议，提出"习近平总书记关于党的建设的重要思想"，并用"十三个坚持"进行系统总结和集中概括。

习近平总书记关于党的建设的重要思想，以一系列原创性成果极大丰富和发展了马克思主义建党学说,标志着我们党对马克思主义执政党建设规律的认识达到了新高度。

牢记"中国共产党是什么、要干什么这个根本问题",确保党依靠自我革命始终不变质、不变色、不变味——

冬日时节,阳光铺洒在江苏盐城市建军东路新四军纪念馆。2023年12月3日上午,习近平总书记在结束上海考察返京途中,专程来到这里参观。

展厅墙上镌刻的"吃菜要吃白菜心,当兵要当新四军"的民谣,记录着抗战时期军民合力共筑拦海大堤故事的宋公碑……总书记感慨道:"民心向背决定着历史的选择,江山就是人民、人民就是江山。"

得民心者得天下。

习近平总书记深刻指出:"进行自我革命也要注重依靠人民,靠人民群众支持和帮助解决自身问题。"

因为"共产党是为人民服务的党",所以无惧人民监督;因为"没有任何自己特殊的利益",所以敢于自我革命。跳出历史周期率的两个答案,映照着颠扑不破的真理——"人心向背关系党的生死存亡"。

唯有"我将无我,不负人民",方有"得罪千百人,不负十四亿"的无畏勇气。始终将人民作为立党兴党强党的根本出发点和落脚点,这是将党的自我革命进行到底的勇气所在、底气所在、动力所在。

标本兼治——"打出一套自我革命的'组合拳'"

党的二十大期间,习近平总书记来到广西代表团,同大家一起讨论党的二十大报告。

回顾全面从严治党的波澜壮阔历程,习近平总书记感慨地说:"党的十八大以来,党中央以'十年磨一剑'的定力推进全面从严治党,以'得罪千百人,不负十四亿'的使命担当推进史无前例的反腐败斗争。""特别是十年下来,我们这一套自我革命的'组合拳'

是载入史册的。"

党的二十大报告擘画了强国建设、民族复兴的宏伟蓝图，最后一章正是"坚定不移全面从严治党，深入推进新时代党的建设新的伟大工程"，字里行间展现出一个大党面向未来、继续自我革命的决心魄力。

保持高压态势，把严的基调、严的措施、严的氛围长期坚持下去——

"新疆维吾尔自治区党委原副书记李鹏新涉嫌严重违纪违法，目前正接受中央纪委国家监委纪律审查和监察调查。"

2023年12月11日，随着中央纪委国家监委网站这条"一句话新闻"的发布，该网站2023年公开发布的"落马"中管干部已达45人。

反腐败是最彻底的自我革命。密集发布的"打虎"信息，展现将全面从严治党进行到底的坚定意志。

从坚持以零容忍态度反腐惩恶，到严查重点问题、紧盯重点对象，系统整治重点领域，再到坚持受贿行贿一起查，惩治新型腐败和隐性腐败，攻坚战持久战持续发力；

从严查"四风"问题，到重点纠治形式主义、官僚主义，再到坚持党性党风党纪一起抓，推进作风建设常态化长效化，"金色名片"越擦越亮；

从聚焦"国之大者"加强政治监督，到二十届中央第一、二轮巡视完成对中管企业全覆盖，再到开展全国纪检监察干部队伍教育整顿，各项监督多管齐下；

……

党的二十大以来，全面从严治党向纵深推进，节奏不变、力度不减、尺度不松，始终利剑高悬、震慑常在。

扎紧制度"篱笆"，完善党的自我革命制度规范体系——

2023年12月27日，修订后的《中国共产党纪律处分条例》全文发布，这是党的十八大以来党中央对这一条例的第三次修订。

严明政治纪律和政治规矩、在全链条全周期全覆盖上不断发力、激励引导党员干部担当作为、促进执纪执法贯通……

作为规范党组织和党员行为的基础性法规，党纪处分条例的再次修订，释放出越往后执纪越严的强烈信号。

小智治事，大智治制。

2024年1月5日，在广西融安县浮石镇六寮村议事协商主题广场，镇、村干部和村民在议事。新华社记者 黄孝邦 摄

从健全纪检监察法规制度体系，推动党内法规制度与时俱进，到持续深化纪检监察体制改革，推动纪检监察工作规范化、法治化、正规化水平不断提升，再到按照党统一领导、全面覆盖、权威高效的要求，不断完善党和国家监督体系……

党的二十大以来，全面从严治党向纵深推进，制度建设蹄疾步稳，自我净化、自我完善、自我革新、自我提高的制度规范体系进一步完善，为党的伟大自我革命提供坚实保障。

筑牢思想根基，以高度的思想自觉引领行动自觉——

2023年，一场新时代中国共产党人的"新的学习竞赛"——学习贯彻习近平新时代中国特色社会主义思想主题教育，在全党深入展开。

2023年10月11日，在江苏省淮安市涟水县红窑镇金沙村，涟水县人大代表章金纯（中）听取党员群众关于村级发展的意见建议。新华社记者 季春鹏 摄

主题教育启动后，习近平总书记出京调研来到广东。4天时间、辗转千里，自西向东穿行粤西大地，深入企业、港口、农村，同工人、农民、企业家、科技人员等亲切交流，以广泛而深入的调研为全党作出表率。

在考察中，习近平总书记指出："开展主题教育是今年党的建设的重大任务。各级党组织要坚决贯彻落实党中央的工作部署，教育引导党员、干部在以学铸魂、以学增智、以学正风、以学促干上下功夫见实效。"

有什么样的党内政治生活，就有什么样的党风政风。

党的群众路线教育实践活动、"三严三实"专题教育、"两学一做"

学习教育、"不忘初心、牢记使命"主题教育、党史学习教育、学习贯彻习近平新时代中国特色社会主义思想主题教育……接续开展的党内集中教育和经常性教育,为广大党员干部补钙壮骨。

从开展警示教育,扎实做好以案促改"后半篇文章",到加强廉洁文化建设,以正心修身增强不想腐的自觉,再到加强理想信念教育,挺起共产党人的精神脊梁……党的二十大以来,全面从严治党向纵深推进,一系列强基固本、凝心铸魂的举措,不断淬炼自我革命锐利思想武器。

常青之道,贵在自胜。

正如习近平总书记所指出:"放眼全世界,没有任何一个政党能像中国共产党如此严肃认真地对待自身建设,如此高度自觉地以科学的态度、体系化的方式推进自我革命,这是我们党的显著优势,也是引领时代的制胜之道。"

新时代中国共产党人惕厉自省、笃行不怠,深入推进管党治党实践创新、理论创新、制度创新,推动百年大党在革命性锻造中淬火成钢,焕发出更加旺盛的生机活力,形成了中国共产党之治、中国之治的独特优势。

再启新程——"走好新的赶考之路的必由之路"

2023年12月26日,北京人民大会堂,中共中央举行纪念毛泽东同志诞辰130周年座谈会。

"中国式现代化是中国共产党领导的社会主义现代化,只有时刻保持解决大党独有难题的清醒和坚定,把党建设得更加坚强有力,才能确保中国式现代化劈波斩浪、行稳致远。"习近平总书记的重要讲话,道出新征程上一以贯之推进全面从严治党的深远意义。

中国式现代化是人类历史上规模最大的现代化,是前无古人的伟大事业。艰巨繁重的系统工程,从来不是轻轻松松、敲锣打鼓就能实现的。

前进路上，既有无限风光，亦有乱云飞渡。

环顾国内，经济恢复面临繁重任务，周期性和结构性矛盾叠加，改革发展稳定依然有不少深层次矛盾；

放眼全球，世界之变、时代之变、历史之变正以前所未有的方式展开，世界进入新的动荡变革期；

检视自身，党的建设特别是党风廉政建设和反腐败斗争面临不少顽固性、多发性问题，党面临的"四大考验""四种危险"将长期存在……

打最硬的铁，须是铁打的人。全面从严治党是党永葆生机活力、走好新的赶考之路的必由之路。

新征程上继续推进党的自我革命，必须始终坚守根本政治方向，坚持和加强党的全面领导，坚持以党的政治建设为统领，推动全党更加深刻领悟"两个确立"的决定性意义，增强"四个意识"、坚定"四个自信"、做到"两个维护"，在党的旗帜下团结成"一块坚硬的钢铁"，心往一处想、劲往一处使，为中华民族伟大复兴号巨轮劈波斩浪注入强大动能。

全面从严治党再启新程，更好发挥政治引领和政治保障作用——

"持续加大粮食购销领域腐败问题惩治力度，对涉粮问题线索开展清底式'回头看'""深入查办'影子股东''影子公司''国皮民骨'以及关联交易、套取资金、输送利益等案件"……

2023开年，中央纪委国家监委印发《关于深化粮食购销领域腐败问题专项整治工作的意见》，对粮食购销领域腐败问题专项整治工作再动员、再部署。

2023年以来，从金融系统、国有企业到体育、医疗卫生，重点领域、关键环节反腐纵深推进，为经济社会高质量发展清障护航。

新征程上继续推进党的自我革命，必须紧紧围绕推进中国式现代化这个最大的政治，紧扣高质量发展这个首要任务，聚焦制约高质量发展的突出问题正风肃纪反腐，聚焦国家治理体系和治理能力现代化健全监督体系，以管党治党的新气象新作为推动中国式现代化建设取得新进展新突破。

全面从严治党再启新程，激发求真务实和担当作为的奋斗力量——

"要不折不扣抓落实，确保最终效果符合党中央决策意图。要雷厉风行抓落实，统筹把握时度效。要求真务实抓落实，坚决纠治形式主义、官僚主义。要敢作善为抓落实，坚持正确用人导向，充分发挥各级领导干部的积极性主动性创造性。"2023年中央经济工作会议上，习近平总书记强调的"四个抓落实"掷地有声。

办好中国的事，关键在党，关键在人。

从准确运用"四种形态"，坚持"三个区分开来"，更好激发广大党员干部的积极性主动性创造性；到持续整治形式主义、官僚主义问题，严厉纠治文山会海、层层加码、过度留痕等问题，为基层减负；再到坚持正确用人导向，做好优秀年轻干部选拔培养工作，着力建设堪当民族复兴重任的高素质干部队伍……

新征程上继续推进党的自我革命，必须坚持严管和厚爱结合、激励和约束并重，推动广大党员干部以更加坚定的理想信念、更加过硬的能力素质、更加严明的纪律作风、更加饱满的精神斗志积极担当作为，不断形成奋进新征程、建功新时代的浓厚氛围和生动局面。

全面从严治党再启新程，始终站稳以人民为中心的根本立场——

"今年上半年，全国共查处民生领域不正之风和腐败问题3.6万余个，批评教育帮助和处理5.2万余人。"2023年8月，中央纪委国家监委网站公布的这一数据，引起社会广泛关注。

"时代是出卷人，我们是答卷人，人民是阅卷人。"

从严肃惩治啃食群众利益的"蝇贪蚁腐"，坚决查处就业创业、教育医疗、养老社保等领域群众身边的腐败问题；到中办、国办印发《乡村振兴责任制实施办法》，压实五级书记抓乡村振兴责任，中央纪委印发意见要求大力整治乡村振兴领域不正之风和腐败问题;再到推动基层监督落实落细,畅通群众监督渠道,规范基层权力运行……

新征程上继续推进党的自我革命,必须顺应群众所思所想所忧所盼,不断以全面从严治党的新成效取信于民、筑牢党的执政根基,确保党始终赢得保持同人民群众的血肉联系、人民衷心拥护的历史主动,始终成为全体人民最可靠的主心骨。

2023年10月8日,在广西柳州市融水苗族自治县安陲乡江门村,江门村党总支书记、村委会主任杨宁(左)和同事在乡村振兴直播间准备直播工作。新华社记者 黄孝邦 摄

风雨兼程赶考路,击鼓催征再出发。

在以习近平同志为核心的党中央坚强领导下,一刻不停推进全面从严治党,深入推进新时代党的建设新的伟大工程,坚持以伟大自我革命引领伟大社会革命、以伟大社会革命促进伟大自我革命,新时代中国共产党人必将在新的赶考之路上交出新的更加优异的答卷!(新华社记者朱基钗、孙少龙、高蕾)

严的标准立起来　实的作风树起来
——坚定不移推进全面从严治党之"作风篇"

纠治"四风"永不停歇，作风建设永不止步。

2023年是全面贯彻党的二十大精神的开局之年。在以习近平同志为核心的党中央坚强领导下，中央纪委国家监委和地方各级纪检监察机关始终坚持严的基调、严的措施、严的氛围，持续加固中央八项规定堤坝，一刻不停纠"四风"树新风，为推动党的二十大精神落地见效提供坚强作风保障。

严查"四风"　推进作风建设常态化长效化

"查处违反中央八项规定精神问题11860起，批评教育和处理16728人，给予党纪政务处分11870人……"

2023年12月28日，中央纪委国家监委公布了2023年11月全国查处违反中央八项规定精神问题情况月报数据。这已是该数据连续公布的第123个月。

一年来，中央纪委国家监委和各级纪检监察机关坚持严字当头，对"四风"问题露头就打。

严守节点不放松——

"国家发展改革委评估督导司原党支部书记、司长王青云违规收受礼品、礼金，接受可能影响公正执行公务的宴请等问题""中国五矿集团中冶华天工程技术有限公司原党委书记、董事长田野违规公款送礼,提供可能影响公正执行公务的宴请等问题"……

2023年中秋、国庆节前夕,中央纪委国家监委公开通报七起违反中央八项规定精神典型问题,再次释放紧盯关键时间节点、严抓作风问题的鲜明信号。

节点就是"考点",年关就是"廉关"。

节前教育提醒、通报曝光,节中监督检查、明察暗访,节后严查快处、督促整改……各级纪检监察机关一个节点一个节点坚守,以正风肃纪"组合拳"纠治"节日病",以党风政风持续向好不断赢得群众的信任信赖。

严查案件不手软——

2022年12月,青海省6名党员领导干部在参加青海省党政主要领导干部学习贯彻党的二十大精神培训班期间,违规聚餐饮酒,并导致一名干部死亡。此事造成严重后果和恶劣影响,引起广泛关注。

随后,中央纪委国家监委提级审查调查并指导青海省纪委监委,严肃查处并公开通报了这起案件,指出违规吃喝问题在各类"四风"问题中反弹风险较高,强调这是"顶风违纪的典型案件,广大党员干部要从中深刻汲取教训,严守纪法红线,以坚强党性保证党的作风建设"。

2023年以来,中央纪委国家监委和各级纪检监察机关把查处案件摆在更加突出位置,对典型案例及时通报曝光,持续释放严的强烈信号,加大警示震慑作用,强化"不敢"氛围,不断把作风建设引向深入。

江西、湖北等地围绕违规吃喝问题开展专项治理;河北、安徽等地集中治理违规收送礼品礼金问题;贵州、甘肃等地开展不作为、乱作为问题整治……过去一年,各级纪检监察机关坚持以案为鉴,结合实际创新方式方法,查作风之弊、扫行为之垢,以重点问题突破带动整体工作,把严的标准、实的作风切实落到位。

作风建设不是一朝一夕之事，需要久久为功。

中央纪委国家监委党风政风监督室有关负责人表示，纪检监察机关将紧盯"四风"问题，加强监督检查、明察暗访，不断把纠治"四风"实践成果转化为制度规范，持续推进作风建设常态化长效化，积小胜为大胜，化量变为质变。

重点纠治形式主义官僚主义　确保党中央决策部署落实见效

"吉林省白城市政府办公室重复转发文件、照搬照抄上级文件内容""辽宁省本溪市总工会制定文件脱离实际、层层加码""贵州省毕节市农业生态环境与资源保护站搞过度留痕"……

2023年7月，中央纪委国家监委首次专题公开通报十起加重基层负担的形式主义、官僚主义典型问题，内容一针见血、直指病灶，传递出坚决纠治形式主义、官僚主义的鲜明导向。

形式主义、官僚主义是实现新时代新征程党的使命任务的大敌，必须动真碰硬、靶向纠治。

过去一年，中央纪委国家监委和各级纪检监察机关聚焦"国之大者"，围绕粮食购销、耕地保护、数据统计、防汛救灾等领域，强化监督执纪，严肃查处了一批形式主义、官僚主义典型案例，形成强烈震慑。

作风监督保驾护航——

辽宁大连严肃查处并通报在耕地保护工作中不担当、不作为、乱作为问题，以铁的纪律护航耕地保护和粮食安全；

广东开展优化营商环境专项监督，严肃纠治"新官不理旧账"、漠视侵害企业合法权益等作风问题；

内蒙古开展"半拉子工程"大起底，推动盘活销号，坚决纠正政绩观扭曲、事业观偏差问题；

……

各级纪检监察机关坚持党中央重大决策部署到哪里、作风监督就跟进到哪里，精准纠治不作为乱作为、加重基层负担的不正之风等突出问题，以有力有效举措把实的作风树起来。

制度规范划出红线——

扭转风气，制度先行。

针对形式主义、官僚主义问题定性难、查处难的问题，新修订的《中国共产党纪律处分条例》进一步明晰了纪律红线；中国移动纪检监察组和天津市、湖北省研究编写了形式主义、官僚主义定性量纪指引、案例指导，推动精准监督执纪……

过去一年，中央纪委国家监委和各级纪检监察机关在明纪律立规矩上持续发力，细化完善制度规范、织密监督网络，划出作风建设红线，让纠治形式主义、官僚主义落到实处、深入人心。

党的二十大以来，截至 2023 年 11 月，全国共查处形式主义、官僚主义问题 4.8 万起，批评教育和处理 7.5 万人。

"要紧跟党中央因时因势作出的决策部署，把纠治形式主义、官僚主义作为一项重要工作。"中央纪委国家监委党风政风监督室有关负责人表示，各级纪检监察机关要把推进中国式现代化作为最大的政治，充分履行职能职责，坚决纠治形式主义、官僚主义，确保党中央决策部署落实见效。

以人民为中心　严查群众身边的不正之风和腐败问题

"多亏了你们，现在灌溉土地的费用降低了，还不到原来价格的一半。"2023 年 12 月，在山东济宁市嘉祥县杨楼村，种粮大户高克国高兴地说。

据了解，针对村民反映杨楼村灌溉水费过高的问题，嘉祥县纪委监委开展村集体"三资"专项整治，以"村级集体资产资源承包、租赁、出让等行为不规范"为切口，采取县纪委监委统筹抓总、职能部门指导督促、镇街具体落实的工作方式，整治漠视侵害群众利益的不正之风，助力乡村振兴提质增效。

乡村振兴关系着农民群众的生计和幸福，是作风建设的重要着力点。

2023年2月，中央纪委印发《关于开展乡村振兴领域不正之风和腐败问题专项整治的意见》，要求各级纪检监察机关坚持严的基调、采取严的措施大力整治乡村振兴领域不正之风和腐败问题，为全面推进乡村振兴、促进全体人民共同富裕提供坚强保障。

"学研行"并重、"室组地"联动、大数据赋能、清廉示范村创建……过去一年，各级纪检监察机关聚焦群众急难愁盼问题，开展专项整治、统筹监督力量、培育清廉文化，多措并举深入整治乡村振兴领域不正之风和腐败问题，推动乡村振兴战略落地见效，惠及更多人民群众。

"我们只需用手机扫一扫，就可以直接进行一键查询和举报。"2023年11月，贵州省黔东南苗族侗族自治州黄毛村村民田浩龙拿着手机扫描"码上民生监督直通车"二维码后，平台上惠民政策查询、监督举报入口等内容一览无余。

"码上民生监督直通车"是贵州省黔东南苗族侗族自治州纪委监委探索数字化赋能基层群众监督的举措。目前，平台共收到1万余条群众监督信息，涉及惠民补贴发放、学校餐饮等多个领域。

一年来，一个个案件、一次次监督、一项项整治，让人民群众切实感受到党风政风之变、公平正义之实。

作风建设只有进行时、没有完成时。新征程上，唯有始终坚持严的基调、严的措施、严的氛围，更加坚定不移加强作风建设，才能以清风正气凝聚干事创业的正能量，开创各项事业蓬勃发展的新局面。

（新华社记者黄玥）

净化政治生态，建设廉洁文化
——学习贯彻习近平总书记在二十届中央纪委三次全会重要讲话精神

在二十届中央纪委三次全会上，习近平总书记对持续发力、纵深推进反腐败斗争作出重要部署，对持之以恒净化政治生态、加强新时代廉洁文化建设提出明确要求，为一体推进不敢腐、不能腐、不想腐，深入推进全面从严治党、党风廉政建设和反腐败斗争注入强大思想和行动力量。

腐败成因的复杂性，决定了治理措施的多样性。新征程上，持续发力、纵深推进反腐败斗争，必须深化标本兼治、系统施治，让不敢腐、不能腐、不想腐三者同时发力、同向发力、综合发力，把不敢腐的强大震慑效能、不能腐的刚性制度约束、不想腐的思想教育优势融于一体，用"全周期管理"方式，推动各项措施在政策取向上相互配合、在实施过程中相互促进、在工作成效上相得益彰，不断铲除腐败问题产生的土壤和条件，推动防范和治理腐败问题常态化、长效化。

如何始终保持风清气正的政治生态，是我们这个大党必须解决的独有难题之一。新征程上，要保持常抓不懈、久久为功的定力，持之以恒净化政治生态。坚持激浊和扬清并举，抓住关键环节，突出问题导向，严明政治纪律和政治规矩，严肃党内政治生活，破"潜规则"，立"明规矩"，坚决防止搞"小圈子""拜码头""搭天线"，有力打击各种政治骗子，严格防止把商品交换原则带到党内。选人用人是党内政治生活的风向标，端正用人导向是严肃党内政治生活的治本之策。必须坚持不懈整治选人用人上的不正之风，推动形成清清爽爽的同志关系、规规矩矩的上下级关系，促进政治生态山清水秀。

"廉者，政之本也。"全面从严治党，既要靠治标，猛药去疴，重典治乱，也要靠治本，正心修身，涵养文化，守住为政之本。加强新时代廉洁文化建设，是建设廉洁政治、涵养风清气正的政治生态的内在要求和基础性工程。要从思想上固本培元，深入开展党性党风党纪教育，传承党的光荣传统和优良作风，激发共产党员崇高理想追求，把以权谋私、贪污腐败看成是极大的耻辱。要坚持系统思维全面发力，领导干部要清正廉洁、以身作则，发挥好"关键少数"的表率作用，也要注重家庭家教家风，督促领导干部从严管好亲属子女，还要在全社会积极宣传廉洁理念、廉洁典型，强化正反两方面教育，营造崇廉拒腐的良好风尚，推动形成廉荣贪耻的社会氛围。

全面从严治党是党永葆生机活力、走好新的赶考之路的必由之路。在强国建设、民族复兴的新征程上，让我们更加紧密地团结在以习近平同志为核心的党中央周围，深入学习贯彻习近平总书记关于党的自我革命的重要思想，把不敢腐的震慑力、不能腐的约束力、不想腐的感召力结合起来，持之以恒净化政治生态，锲而不舍建设新时代廉洁文化，不断夺取党风廉政建设和反腐败斗争新胜利，把我们党建设得更加坚强有力。（新华社评论员）

保持永远在路上的坚韧和执着

——2023年开年全面从严治党一线观察

紧盯"四风"老问题新表现，严查群众身边的不正之风和腐败问题，以廉洁文化培根沃土、成风化人……新年伊始，全面从严治党不松劲、不停步、再出发。

党的二十大报告指出，全面从严治党永远在路上，党的自我革命永远在路上，决不能有松劲歇脚、疲劳厌战的情绪。

2023年开年之际，新华社记者进机关、探企业、访社区看到，各地正以真抓实干贯彻落实党的二十大精神，以永远在路上的坚韧和执着，坚持不懈把全面从严治党向纵深推进。

坚持以严的基调强化正风肃纪

"这次明察暗访的重点，是紧盯违规吃喝、违规收送礼品礼金等8类'四风'突出问题和变异问题……"

2023年元旦前，江西省上饶市纪委监委机关的一间会议室内，来自市纪委监委和当地财政、审计等部门的检查组同志正讨论如何开展节日期间明察暗访。

廉不廉，看过年；洁不洁，看过节。

紧盯节日等关键节点，上饶市市县两级联动整治，采取盯现场、抓现行方式加大监督检查力度，形成纠治"四风"常态化监督模式。

"既抓'现场',也查'后台'。"上饶市纪委书记、监委主任陈冰介绍,上饶市纪委监委推动同公安、财税、审计等监督力量相贯通,通过监管平台对数据进行综合分析对比,有效提高了问题线索发现率和精准度。

形式主义、官僚主义是党和国家事业发展的大敌。2023年开年,各地区各部门继续减负增效、轻装奋进。

"文山会海、迎来送往少了,才能有更多时间为老百姓办实事。"刚下社区回来,河北省唐山市路北区大里街道办事处副主任郭颖说。

郭颖告诉记者,过去大大小小的会短则半小时,长则一两个小时,既占用时间又耗费精力。"如今,各级领导干部头脑里都有了力戒形式主义、官僚主义这根弦,改作风、提效能的氛围越来越浓了。"郭颖说。

党中央决策部署的贯彻落实,离不开强有力的作风和纪律保障。

"沃柑销售情况怎么样?""脱贫户务工的工资如何?"……

近日,在广西北流市民乐镇斗口村,民乐镇纪委书记陈忠财走进一户村民的家庭农场,详细了解情况。

聚焦乡村振兴重点项目实际情况,针对本地特色产业发展各环节,北流市纪委监委组织工作人员扎根一线靠前监督。"我们紧盯政策落实、项目推进、资金使用管理等多个环节,督促通报没有落地落实的问题,协调解决存在的困难,以强有力的政治监督助推乡村振兴。"陈忠财说。

提高一体推进"三不腐"能力和水平

"系统抓取到金额过高、拆分发票等异常信息,本次发现疑似问题320个……"

近期,一批通过税控发票监督应用系统发现的公款消费异常信息,成为上海市纪委监委工作人员办案的有力线索。

随着经济社会不断发展，传统腐败和新型腐败相交织，腐败手段也呈现隐形变异、翻新升级的趋势，对反腐败工作水平和能力提出更高要求。

"面对新型腐败、隐性腐败，我们必须擦亮眼睛，不断实现'打法'升级。"上海市纪委监委有关负责同志表示，依托科技赋能，上海市各级纪检监察机关充分运用"一网统管""一网通办"等平台，通过大数据筛选比对、痕迹倒查，对顶风违纪、隐形变异问题"露头就打"，及时发现、有效处理腐败问题的能力显著提高。

坚决整治群众身边的不正之风和腐败问题，才能切实增强人民群众获得感、幸福感、安全感。

"家里供暖很好，之前多交的报停费也都退到手了，感谢你们为老百姓办实事办好事！"

寒冬里，家住吉林省白城市通榆县碧水东城小区的居民李明对前来回访的县纪委监委工作人员竖起了大拇指。

白城市供热期长达半年，供热情况好坏，直接影响老百姓日常生活。

为此，白城市纪委监委持续深入开展供热领域腐败及作风问题专项整治，截至目前，已对供热领域违纪违法案件立案16人，给予党纪政务处分13人，挽回经济损失660余万元。

"暖气的温度，直接关系老百姓满意度。"白城市纪委书记、监委主任李立春表示，接下来还将针对贪污挪用民生资金、滥用执法司法权等侵害群众利益的突出问题，集中力量开展专项整治。

厚植廉洁文化，激扬新风正气。

"今天是领导干部廉洁自省日，集团纪委提醒您：永葆自我革命精神，敢为善为严纪律，务实落实强作风……"

在江苏徐州，徐工集团每个月10号的"廉洁自省日"，干部们都会收到这样一条短信。

记者了解到，通过发送廉洁提醒短信、开展作风建设主题教育、剖析腐败典型案例等方式，徐工集团不断推动领导干部筑牢拒腐防变的思想堤坝。此外，还通过发放廉洁文化书籍、制定清廉家训等方式，推动年轻干部家庭廉洁文化建设，帮助年轻干部系好"第一粒扣子"。

形成全面覆盖、常态长效的监督合力

"现在每个月都有志愿者上门陪我聊天谈心，服务越来越人性化了。"谈起近来居家养老服务的新变化，浙江省湖州市德清县新市镇高龄老人陆瑞英感慨道。

服务的提质增效，离不开常态长效的监督合力。

此前，通过巡察监督，德清县委巡视办和巡查组以面对面的形式，向分管民政的县领导反馈了"居家养老服务落地不到位"等问题，推动了问题整改和解决。

"在近年来的巡察工作中，我们探索建立了向分管（联系）县领导'面对面巡察反馈'的机制，有效提升了巡察质效。"德清县纪委书记、监委主任王云香介绍，分管（联系）县领导要通过召开协调会、约谈整改责任单位等多种形式，推动整改责任落细落实。截至目前，已进行28次"一对一"反馈，推动16个问题得到有效解决。

把权力关进制度的笼子，才能让权力在阳光下运行。

"揽镜自照、时刻警醒""牢记初心、永葆清廉"……

走进广州仲裁委员会大楼，廉洁文化、警示教育方面的标语贴满了整整一条长廊，时刻提醒着党员干部绷紧"廉政弦"。

记者了解到，为从源头上堵塞漏洞，广州仲裁委紧盯关键岗位、关键环节进行风险排查，建立健全通报制度，定期公布排查情况。同时围绕核心业务进行监督全覆盖，如内部审计对每年财务支出进行"经济体检"、卷宗评审对案件进行重点抽查等。

"制度建设是增强拒腐防变能力的有力保障。"广州仲裁委有关负责同志介绍，广州仲裁委还常态化开展易发虚假仲裁案件审理交流会，形成虚假仲裁案例汇编、通报机制，进一步引导党员干部养成严实深细作风。

执纪者必先守纪，律人者必先律己。

"要严格落实市纪委监委关于加强纪检监察干部自身建设相关要求，找差距、查不足、补短板、强弱项。"

近日，在天津市纪委监委驻天津师范大学纪检监察组召开的纪检监察干部监督工作会议上，一项项明确要求让在场的纪检监察干部打起了十二分精神。

记者了解到，为强化自身建设，天津市纪委监委出台全市纪检监察干部"九严禁"，从政治纪律、履职用权、工作作风等9个方面列出纪检监察干部严禁事项，并细化为"36个不准"的"负面清单"。

"严防'灯下黑'，既要用监督加压，又要用信任加力。"天津市纪委监委有关负责人介绍，通过出台相关办法，市纪委监委将考察识别、谈心谈话成果同干部"育选管用"结合起来，作为干部教育培养、考核评价等环节的重要参考，努力建设一支忠诚干净担当的纪检监察干部队伍。

常青之道，贵在自胜。

新的一年，时刻保持解决大党独有难题的清醒和坚定，一刻不停推进全面从严治党，我们党必将以更加蓬勃的生机与活力，引领中国特色社会主义事业巨轮乘风破浪、扬帆远航。

为开创党的自我革命新局面作出不懈努力

——习近平总书记在二十届中央纪委三次全会上的重要讲话指明方向、催人奋进

连日来,习近平总书记在二十届中央纪委三次全会上的重要讲话在广大党员干部中持续引发热烈反响。大家表示,要深入学习贯彻习近平总书记重要讲话精神,深刻领会习近平总书记关于党的自我革命的重要思想,以永远在路上的坚定和执着,打好党风廉政建设和反腐败斗争攻坚战持久战,为开创党的自我革命新局面不懈努力。

成效鼓舞人心:有力引领保障新征程开局起步

习近平总书记在重要讲话中对一年来全面从严治党取得的新进展、新成效,给予了充分肯定。

清华大学马克思主义学院教授王传利深受鼓舞。他说:"我们党聚焦'国之大者'强化政治监督,正风肃纪反腐工作保持高压态势,持续为经济社会高质量发展清障护航,成绩有目共睹,令人振奋。"

全面从严治党成效如何,基层的感受最直接、最深切。

"形式主义害人不浅,最要不得!"浙江省玉环市大麦屿街道环海村党支部书记姚宗玉对习近平总书记强调的"着力整治形式主义、官僚主义突出问题"感受深刻。

"2023年玉环市纪委监委开展'指尖上的形式主义'专项整治后,

聚焦纠治重'痕'不重'绩'、跟风点赞、多头报送等突出问题,许多不必要的 App 被削减,现在不仅手机清爽了,我们心里也清净了不少,有更多的时间可以走村入户,走近群众了。"姚宗玉说。

"全面从严治党的实践成效,是在习近平总书记关于党的自我革命的重要思想指引下取得的。"山东省济宁市任城区纪委书记程庆辉说,"我们充分认识到,习近平总书记关于党的自我革命的重要思想凝结了新时代全面从严治党丰富实践经验和重要理论成果,是具有强大真理力量和实践伟力的科学行动指南。我们将学深悟透、忠实践行这一重要思想,为纵深推进新征程纪检监察工作高质量发展作出应有贡献。"

思想指引方向:不断深化对党的自我革命的规律性认识

在这次中央纪委全会上,习近平总书记再次阐明如何成功跳出治乱兴衰历史周期率这一重大命题。"正是基于对这一历史之问的深入思考,我们党给出了自我革命这个第二个答案。"学习了习近平总书记的重要讲话,广西南宁市委政研室主任梁智忠表示,"我们党因何有勇气刀刃向内自我革命?我想正是因为我们党除了国家、民族、人民的利益,没有任何自己的特殊利益,这是勇气之源、底气所在。"

习近平总书记在重要讲话中用"九个以"深刻阐述了在深入推进党的自我革命实践中需要把握好的问题。

"总书记提出'以锻造坚强组织、建设过硬队伍为重要着力点',为我们进一步把准工作定位、发挥职能作用提供了根本遵循。"河北省安平县委常委、组织部部长周志丽对未来工作方向有了更清晰的认识。

"下一步,我们将对标对表总书记的要求,逐步完善农村党组织星级化管理,不断增强基层党员干部教育培训精准度和实效性,同时积极开展'支部引领、分类示范'行动,努力将农村基层党组织建设成为领导基层治理的坚强战斗堡垒。"周志丽说。

福建省习近平新时代中国特色社会主义思想研究中心学术委员会委员郑传芳认为,九个方面的实践要求体现了我们党对自我革命规律性认识不断深化。只有以此为重要遵循,坚定不移全面从严治党,推动党的各方面建设有机衔接、协调联动,才能全面推进党的自我净化、自我完善、自我革新、自我提高。

郑传芳表示,作为一名理论工作者,他将和同事们一起,深入研究习近平总书记关于党的自我革命的重要思想,特别是围绕"九个以"的实践要求做好解读阐释工作,为党的自我革命伟大实践提供更加丰富的学理支撑。

锚定重点任务:坚定不移把反腐败斗争推向纵深

腐败是危害党的生命力和战斗力的最大毒瘤,反腐败是最彻底的自我革命。习近平总书记在重要讲话中对持续发力、纵深推进反腐败斗争作出战略部署。

"习近平总书记要求各级党委要切实强化对反腐败斗争全过程领导,坚决支持查办腐败案件,动真碰硬抓好问题整改,我们要抓好贯彻落实。"湖南省城步苗族自治县委书记余勋伟表示,要在推进全县反腐败斗争中坚决扛起责任,有效整合反腐败工作全链条力量,推动以党内监督为主导,促进审计监督、财会监督等各类监督贯通协调,增强反腐败斗争整体合力。

铲除不良作风和腐败现象滋生蔓延的土壤,根本上要靠法规制度。

习近平总书记强调的"加强重点法规制度执行情况监督检查,确保一体遵循、一体执行"等重要内容,引发天津市滨海新区纪委监委法规室副主任刘瑞对今后工作的思考。

"我们将进一步学习贯彻好新修订的《中国共产党纪律处分条例》,并充分运用各类培训平台加强阐释解读,以扎实的学习成效推动反腐败工作效能提升。"刘瑞表示，将结合本地实际，创新方式方法开展残疾人"两项补贴"、最低生活保障金等惠民资金专项监督，推动法规制度在基层落实落细。

加强新时代廉洁文化建设，从思想上固本培元，才能筑牢"不想腐"的堤坝。

在延安革命纪念馆，"延安时期的十个没有"展板吸引了不少参观者驻足观看，其中"没有贪官污吏"排在"十个没有"之首。

"延安时期，我们党形成了良好的廉洁政风，用'延安作风'打败了'西安作风'。围绕加强廉洁文化建设，习近平总书记在重要讲话中提出了深入开展党性党风党纪教育，传承党的光荣传统和优良作风，激发共产党员崇高理想追求的要求。"延安革命纪念馆馆长刘妮表示，下一步将用好红色资源、讲好延安故事，引导干部群众赓续红色血脉、涵养清风正气，为加强新时代廉洁文化建设作出应有贡献。

纪检监察机关是推进党的自我革命的重要力量。习近平总书记强调，要加强纪检监察干部队伍建设。

"我们要时刻保持'执纪者必先守纪，律人者必先律己'的清醒和自觉，坚决防止'灯下黑'。"贵州省黔南州纪委监委第五审查调查室主任胡江龙说，面对反腐败斗争新形势新挑战，要不断增强斗争本领，特别是要熟悉工程、金融、财会等方面专业知识，将其转化为有力有效监督执纪执法的基本能力，努力做到让党中央放心、让人民群众满意。（新华社记者）

时刻保持解决独有难题的清醒和坚定

始终坚持问题导向，保持战略定力，发扬彻底的自我革命精神，永远吹冲锋号，把严的基调、严的措施、严的氛围长期坚持下去，把党的伟大自我革命进行到底。

坚持内容上全涵盖、对象上全覆盖、责任上全链条、制度上全贯通，进一步健全全面从严治党体系，使全面从严治党各项工作更好体现时代性、把握规律性、富于创造性。

我们党是世界上最大的政党，大就要有大的样子，同时大也有大的难处。在二十届中央纪委二次全会上，习近平总书记强调，全面从严治党永远在路上，要时刻保持解决大党独有难题的清醒和坚定。这一重要论述，为我们在新时代新征程上一刻不停推进全面从严治党，深入推进新时代党的建设新的伟大工程提供了根本遵循。

治国必先治党，党兴才能国强。党的十八大以来，以习近平同志为核心的党中央把全面从严治党纳入"四个全面"战略布局，刀刃向内、刮骨疗毒、猛药祛疴、重典治乱，使党在革命性锻造中变得更加坚强有力，全面从严治党取得了历史性、开创性成就，产生了全方位、深层次影响。实践表明，全面从严治党是党永葆生机活力、走好新的赶考之路的必由之路，必须长期坚持、不断前进。

安不忘危，治不忘乱。新时代新征程上，我们党肩负着全面建成社会主义现代化强国、以中国式现代化全面推进中华民族伟大复兴的使命，面对着前进道路上各种可以预见和难以预见的狂风暴雨、惊涛骇浪的重大挑战，经受着长期存在的"四大考验""四种危险"的严峻考验。如何始终不忘初心、牢记使命，如何始终统一思想、统一意志、统一行动，如何始终具备强大的执政能力和领导水平，如何始终保持干事创业精神状态，如何始终能够及时发现和解决自身存在的问题，如何始终保持风清气正的政治生态，都是我们这个大党必须解决的独有难题。解决这些难题，是实现新时代新征程党的使命任务必须迈过的一道坎，是全面从严治党适应新形势新要求必须啃下的硬骨头。

全面从严治党永远在路上，党的自我革命永远在路上。解决大党独有难题，充分体现了我们党对所处历史方位、肩负使命任务、面临复杂环境的清醒认识，充分彰显了新时代中国共产党人对党的根本性质和党情国情发展变化的深刻把握，为我们在新征程上推动全面从严治党向纵深发展指明了努力方向。我们要站在事关党长期执政、国家长治久安、人民幸福安康的高度，把全面从严治党作为党的长期战略、永恒课题，始终坚持问题导向，保持战略定力，发扬彻底的自我革命精神，永远吹冲锋号，把严的基调、严的措施、严的氛围长期坚持下去，把党的伟大自我革命进行到底。要坚持严管和厚爱结合、激励和约束并重，坚持"三个区分开来"，更好激发广大党员、干部的积极性、主动性、创造性，形成奋进新征程、建功新时代的浓厚氛围和生动局面。

推动全面从严治党向纵深发展，需要进一步健全全面从严治党体系。要坚持制度治党、依规治党，更加突出党的各方面建设有机衔接、联动集成、协同协调，更加突出体制机制的健全完善和法规制度的科学有效，更加突出运用治理的理念、系统的观念、辩证的思维管党治党建设党。要坚持内容上全涵盖、对象上全覆盖、责任上全链条、制度上全贯通，进一步健全全面从严治党体系，使全面从严治党各项工作更好体现时代性、把握规律性、富于创造性。

在实际工作中，我们要以高度的政治责任感把党中央关于坚定不移深入推进全面从严治党的战略部署落到实处。要在具体化、精准化、常态化上下更大功夫，以强有力的政治监督保障党的二十大决策部署落实见效。以钉钉子精神整治形式主义、官僚主义、享乐主义、奢靡之风，锲而不舍落实中央八项规定精神，以优良党风引领社风民风。把纪律建设摆在更加突出位置。深化标本兼治、系统治理，一体推进不敢腐、不能腐、不想腐，坚决打赢反腐败斗争攻坚战持久战。健全党统一领导、全面覆盖、权威高效的监督体系。（《瞭望》新闻周刊记者晏国政、马晓媛）

延伸阅读

2023这组反腐数据，传递正风肃纪新变化!

回眸2023年，正风肃纪反腐工作保持高压态势，都有哪些新变化？七张图带你一起了解!

| 持续发力 纵深推进 将全面从严治党进行到底 |

| 持续发力 纵深推进 将全面从严治党进行到底 |

文字来源：中央纪委国家监委官网、新华社

策划文案：卢俊宇

海报设计：刘晓磊

附录一

中国共产党第二十届中央纪律检查委员会第三次全体会议公报

（2024年1月10日中国共产党第二十届中央纪律检查委员会第三次全体会议通过）

中国共产党第二十届中央纪律检查委员会第三次全体会议，于2024年1月8日至10日在北京举行。出席这次全会的有中央纪委委员132人，列席238人。

中共中央总书记、国家主席、中央军委主席习近平出席全会并发表重要讲话。李强、赵乐际、王沪宁、蔡奇、丁薛祥、李希等党和国家领导人出席会议。

全会由中央纪律检查委员会常务委员会主持。全会深入学习贯彻习近平新时代中国特色社会主义思想，全面贯彻落实党的二十大和二十届二中全会精神，回顾2023年纪检监察工作，部署2024年任务，审议通过了李希同志代表中央纪委常委会所作的《深入学习贯彻习近平总书记关于党的自我革命的重要思想，纵深推进新征程纪检监察工作高质量发展》工作报告。

全会认真学习、深刻领会习近平总书记重要讲话。一致认为，讲话从统筹中华民族伟大复兴战略全局和世界百年未有之大变局的高度，深刻阐述党的自我革命的重要思想，科学回答关于党的自我革命的三个重大问题，明确提出推进自我革命"九个以"的实践要求，对持续发力、纵深推进反腐败斗争作出战略部署,对纪检监察干部队伍寄予殷切期望、提出明确要求,高瞻远瞩、视野宏阔、思想深邃、内涵丰富,充分彰显了我们党自我净化、自我完善、自我革新、自我提高的高度自觉。习近平总书记关于党的自我革命的重要思想凝结了新时代全面从严治党丰富实践经验和重要理论成果,凝聚了全党高度共识,为新时代新征程深入推进全面从严治党、党风廉政建设和反腐败斗争提供了根本遵循,为做好新征程纪检监察工作提供了强大思想武器和科学行动指南。一致表示,将深入学习领悟、坚决贯彻落实习近平总书记重要讲话精神,提高政治站位,增强政治自觉,切实把思想和行动统一到习近平总书记关于党的自我革命的重要思想上来,在新征程上忠实履职尽责,为开创党的自我革命新局面作出不懈努力。

全会指出,2023年是全面贯彻党的二十大精神的开局之年,也是三年新冠疫情防控转段后经济恢复发展的一年。以习近平同志为核心的党中央团结带领全党全国人民,凝心聚力、攻坚克难,全面推进中国式现代化,引领中华民族伟大复兴号巨轮破浪前行。中央纪委国家监委和各级纪检监察机关牢记习近平总书记"新班子、新气象、新局面、新作为"的期望要求,以全面贯彻党的二十大精神为主线,以推动全党坚定拥护"两个确立"、坚决做到"两个维护"为使命责任,以推动解决大党独有难题、健全全面从严治党体系为目标方向,以开展学习贯彻习近平新时代中国特色社会主义思想主题教育和全国纪检监察干部队伍教育整顿为重点,深学习、实调研、抓落实,始终以严的基调、严的措施、严的氛围强化政治监督、正风肃纪反腐,纪检监察工作高质量发展取得新进展新成效,为全面建设社会主义现代化国家提供有力保障。中央纪委常委会把学习党的二十大精神作为履职的第一课,聚焦重点难题深入调查研究,着眼五年谋篇布局,牢牢把握新征程纪检监察工作正确方向。扎实开展主题教育和教育整顿,用心用情深学细悟习近平新时代中国特色社会主义思想,坚定不移扛起"两个维护"

重大政治责任,严管严治锻造纪检监察铁军。紧紧围绕党的二十大战略部署强化政治监督,保障新征程开好局、起好步。持续深入推进反腐败斗争,严肃查处金融、国企、高校、体育、烟草、医药、粮食购销、统计等领域腐败问题,坚决清除系统性腐败风险隐患,一体推进不敢腐、不能腐、不想腐,全面巩固来之不易的压倒性胜利。锲而不舍落实中央八项规定精神,纠树并举促进作风建设常态长效。全面加强党的纪律建设,促进从严管理监督和鼓励担当作为相统一。坚定不移深化政治巡视,高质量完成对中管企业党组织巡视全覆盖。深入贯彻制度治党、依规治党要求,持续推进纪检监察体制改革,协助党中央修订纪律处分条例,推动完善党的自我革命制度规范体系。在肯定成绩的同时,实事求是分析了纪检监察工作和干部队伍建设存在的问题,要求高度重视、切实加以解决。

全会强调,党的十八大以来,习近平总书记带领全党以前所未有的决心力度推进全面从严治党,创造性提出一系列具有原创性、标志性的新理念新思想新战略,形成习近平总书记关于党的自我革命的重要思想,指引百年大党开辟了自我革命的新境界。这是我们党坚持"两个结合"推进理论创新取得的新成果,是习近平新时代中国特色社会主义思想的新篇章,标志着我们党对马克思主义政党建设规律、共产党执政规律的认识达到新高度。这一重要思想深刻回答了我们党"为什么要自我革命"的重大问题,指明了确保全党永葆初心、担当使命的根本任务;深刻回答了我们党"为什么能自我革命"的重大问题,坚定了全党用好"第二个答案"、解决大党独有难题的信心决心;深刻回答了我们党"怎样推进自我革命"的重大问题,展现了党永葆生机活力、走好新的赶考之路的光明前景。纪检监察机关是推进党的自我革命的重要力量,要怀着深厚感情、怀着坚定信仰、怀着强烈使命深学细悟,准确把握这一重要思想的精髓要义、实践要求,自觉贯彻到纪检监察工作全过程各方面,以永远在路上的坚韧执着把党的自我革命进行到底。

全会提出，2024年是中华人民共和国成立75周年，是实现"十四五"规划目标任务的关键一年。做好今年纪检监察工作，要坚持以习近平新时代中国特色社会主义思想为指导，全面贯彻落实党的二十大和二十届二中全会精神，深入学习贯彻习近平总书记关于党的自我革命的重要思想，坚决落实全面从严治党战略方针，深刻领悟"两个确立"的决定性意义，自觉增强"四个意识"、坚定"四个自信"、做到"两个维护"，坚持稳中求进工作总基调，巩固拓展主题教育和教育整顿成果，忠诚履行党章和宪法赋予的职责，推动健全全面从严治党体系，纵深推进正风肃纪反腐，纵深推进新征程纪检监察工作高质量发展，为全面推进中国式现代化提供坚强保障。

第一，突出凝心铸魂深化拓展主题教育成果。把学习贯彻习近平新时代中国特色社会主义思想特别是党的自我革命的重要思想作为纪检监察干部教育培训主题主线，健全并严格执行"第一议题"制度、集体学习制度，在深化、内化、转化上持续用力，自觉从党的创新理论中找理念、找思路、找方法、找举措，不断把学习成果转化为正风肃纪反腐的实际成效。

第二，突出"两个维护"深化政治监督。把严明党的政治纪律和政治规矩摆在突出位置，聚焦政治忠诚、政治安全、政治责任、政治立场、党内政治生活，坚决纠正政治偏差，及时消除政治隐患。紧紧围绕习近平总书记重要指示批示和党中央大政方针加强政治监督，常态化开展落实情况"回头看"，督促全党统一思想、统一意志、步调一致向前进。

第三，突出铲除土壤条件深化反腐败斗争。持续发力、纵深推进反腐败斗争，一体推进不敢腐、不能腐、不想腐，强化高压态势，继续紧盯重点问题、重点领域、重点对象、新型腐败和隐性腐败，把严惩政商勾连的腐败作为攻坚战重中之重，深化整治金融、国企、能源、烟草、医药、基建工程和招投标等领域腐败问题，坚决惩治群众身边腐败，集中整治跨境腐败问题。强化以案促改、以案促治，推动重点领域体制机制改革。强化正反两方面教育，加强新时代廉洁文化建设，推动形成廉荣贪耻的社会氛围。强化受贿行贿一起查，完善对重点行贿人的联合惩戒机制。强化完善反腐败工具箱，继续加大审计等移送问题线索查处力度，持续推进反腐败国家立法。

第四，突出常态长效深化落实中央八项规定精神。对违规吃喝开展专项整治，严查"吃公函""吃食堂""吃老板""吃下级"等问题。健全风腐同查同治工作机制，既"由风查腐"又"由腐纠风"。重拳纠治干部群众反映强烈的形式主义、官僚主义，从领导机关抓起、领导干部改起，坚决纠治影响党中央决策部署落实落地、影响高质量发展、加重基层负担、权力观扭曲政绩观错位等问题。

第五，突出严的基调深化党的纪律建设。以学习贯彻新修订的纪律处分条例为契机加强纪律教育，认真开展党纪学习教育，着力解决对党规党纪不上心、不了解、不掌握等问题。以规范运用"四种形态"为导向严格纪律执行，推动准确定性量纪执法。以压紧压实政治责任为抓手凝聚管党治党合力，健全各负其责、统一协调的责任格局。完善问责制度。

第六，突出政治定位深化巡视巡察。扎实推进巡视全覆盖，深入探索提级巡视、联动巡视，加强对省区市巡视工作的指导督导，建立对中央单位内部巡视分板块、分行业指导的工作机制，全面推动市县巡察向基层延伸。学习贯彻巡视工作条例，修订被巡视党组织配合中央巡视工作规定等，建立覆盖巡视整改全周期的责任体系和制度流程。

第七，突出规范化、法治化、正规化深化纪检监察体制改革和制度建设。完善纪委监委机关内设机构设置、职能配置、力量配备。深化派驻机构改革，制定加强中管高校纪检监察机构与地方纪委监委联合开展审查调查的意见，指导各省区市纪委监委开展向省属高校和国有企业派驻纪检监察组试点，在垂管系统省级以下单位开展涉嫌职务犯罪案件管辖和监察措施使用改革试点。持续完善"组组"协同监督、"室组"联动监督、"室组地"联合办案机制。协助党中央修订《党组讨论和决定党员处分事项工作程序规定（试行）》等。完善以党内监督为主导、各类监督贯通协调机制，完善基层监督体系，加强对"一把手"和领导班子监督。推动数字技术深度融入纪检监察各项业务，建设一体化工作平台。

第八，突出发扬彻底自我革命精神深化纪检监察机关自身建设。中央纪委常委会带头加强自身建设，带动全系统做自我革命的表率、遵规守纪的标杆。在思想上勇于自我革命，常态化开展政治教育、党性教育，始终做到绝对忠诚、绝对可靠、绝对纯洁。在作风上勇于自我革命，牢记"三个务必"、践行"三严三实"，保持战略定力、坚定斗争意志，严格依规依纪依法履职。在廉洁上勇于自我革命，常态化检视干部队伍存在的突出问题，刀刃向内清除害群之马，坚决防治"灯下黑"。在严管上勇于自我革命，做细做实对干部的经常性监督，完善监察官职业保障配套制度，激励干部安心履职、担当作为。

全会号召，要更加紧密地团结在以习近平同志为核心的党中央周围，勠力同心、忠诚履职，以一往无前的奋斗姿态、永不懈怠的精神状态推进新征程纪检监察工作高质量发展，为以中国式现代化全面推进强国建设、民族复兴伟业提供坚强保障！

附录二

中共中央印发《中国共产党纪律处分条例》

近日,中共中央印发了修订后的《中国共产党纪律处分条例》(以下简称《条例》),并发出通知,要求各地区各部门认真遵照执行。

通知指出,党的二十大对全面加强党的纪律建设作出战略部署。党中央着眼解决大党独有难题、健全全面从严治党体系,对《条例》作了修订。《条例》全面贯彻习近平新时代中国特色社会主义思想和党的二十大精神,从党章这个总源头出发,坚持严的基调,坚持问题导向和目标导向相结合,与时俱进完善纪律规范,进一步严明政治纪律和政治规矩,带动各项纪律全面从严,释放越往后执纪越严的强烈信号,发挥纪律建设标本兼治作用,为以中国式现代化全面推进强国建设、民族复兴伟业提供坚强纪律保障。

通知要求,各级党委(党组)要担负起全面从严治党政治责任,认真抓好《条例》的贯彻执行,对违反党纪的问题,发现一起坚决查处一起,切实维护纪律的刚性、严肃性。要坚持党性党风党纪一起抓,把《条例》纳入党员、干部培训必修课,增强遵规守纪的自觉。要坚持把纪律挺在前面,促进执纪执法贯通,准确运用"四种形态",落实"三个区分开来",把从严管理监督和鼓励担当作为高度统一起来。各级纪委(纪检组)要认真履行党章赋予的职责,强化监督执纪问责,敢于善于斗争,严格执纪、精准执纪,不断推动全面从严治党向纵深发展。各地区各部门在执行《条例》中的重要情况和建议,要及时报告党中央。

《条例》全文如下。

中国共产党纪律处分条例

（2003年12月23日中共中央政治局会议审议批准 2003年12月31日中共中央发布 2023年12月8日中共中央政治局会议第三次修订 2023年12月19日中共中央发布）

第一编 总则

第一章 总体要求和适用范围

第一条 为了维护党章和其他党内法规，严肃党的纪律，纯洁党的组织，保障党员民主权利，教育党员遵纪守法，维护党的团结统一，保证党的理论、路线、方针、政策、决议和国家法律法规的贯彻执行，根据《中国共产党章程》，制定本条例。

第二条 党的纪律建设必须坚持以马克思列宁主义、毛泽东思想、邓小平理论、"三个代表"重要思想、科学发展观、习近平新时代中国特色社会主义思想为指导，坚持和加强党的全面领导，坚决维护习近平总书记党中央的核心、全党的核心地位，坚决维护以习近平同志为核心的党中央权威和集中统一领导，弘扬伟大建党精神，坚持自我革命，贯彻全面从严治党战略方针，落实新时代党的建设总要求，推动解决大党独有难题、健全全面从严治党体系，全面加强党的纪律建设，为以中国式现代化全面推进强国建设、民族复兴伟业提供坚强纪律保障。

第三条 党章是最根本的党内法规，是管党治党的总规矩。党的纪律是党的各级组织和全体党员必须遵守的行为规则。党组织和党员必须坚守初心使命，牢固树立政治意识、大局意识、核心意识、看齐意识，始终坚定道路自信、理论自信、制度自信、文化自信，切实践行正确的权力观、政绩观、事业观，自觉遵守和维护党章，严格执行和维护党的纪律，自觉接受党的纪律约束，模范遵守国家法律法规。

第四条　党的纪律处分工作遵循下列原则：

（一）坚持党要管党、全面从严治党。把严的基调、严的措施、严的氛围长期坚持下去，加强对党的各级组织和全体党员的教育、管理和监督，把纪律挺在前面，抓早抓小、防微杜渐。

（二）党纪面前一律平等。对违犯党纪的党组织和党员必须严肃、公正执行纪律，党内不允许有任何不受纪律约束的党组织和党员。

（三）实事求是。对党组织和党员违犯党纪的行为，应当以事实为依据，以党章、其他党内法规和国家法律法规为准绳，执纪执法贯通，准确认定行为性质，区别不同情况，恰当予以处理。

（四）民主集中制。实施党纪处分，应当按照规定程序经党组织集体讨论决定，不允许任何个人或者少数人擅自决定和批准。上级党组织对违犯党纪的党组织和党员作出的处理决定，下级党组织必须执行。

（五）惩前毖后、治病救人。处理违犯党纪的党组织和党员，应当实行惩戒与教育相结合，做到宽严相济。

第五条　深化运用监督执纪"四种形态"，经常开展批评和自我批评，及时进行谈话提醒、批评教育、责令检查、诫勉，让"红红脸、出出汗"成为常态；党纪轻处分、组织调整成为违纪处理的大多数；党纪重处分、重大职务调整的成为少数；严重违纪涉嫌犯罪追究刑事责任的成为极少数。

第六条　本条例适用于违犯党纪应当受到党纪责任追究的党组织和党员。

第二章　违纪与纪律处分

第七条　党组织和党员违反党章和其他党内法规，违反国家法律法规，违反党和国家政策，违反社会主义道德，危害党、国家和人民利益的行为，依照规定应当给予纪律处理或者处分的，都必须受到追究。

重点查处党的十八大以来不收敛、不收手，问题线索反映集中、群众反映强烈，政治问题和经济问题交织的腐败案件，违反中央八项规定精神的问题。

第八条　对党员的纪律处分种类：

（一）警告；

（二）严重警告；

（三）撤销党内职务；

（四）留党察看；

（五）开除党籍。

第九条　对于违犯党纪的党组织，上级党组织应当责令其作出书面检查或者给予通报批评。对于严重违犯党纪、本身又不能纠正的党组织，上一级党的委员会在查明核实后，根据情节严重的程度，可以予以：

（一）改组；

（二）解散。

第十条　党员受到警告处分一年内、受到严重警告处分一年半内，不得在党内提拔职务或者进一步使用，也不得向党外组织推荐担任高于其原任职务的党外职务或者进一步使用。

第十一条　撤销党内职务处分，是指撤销受处分党员由党内选举或者组织任命的党内职务。对于在党内担任两个以上职务的，党组织在作处分决定时，应当明确是撤销其一切职务还是一个或者几个职务。如果决定撤销其一个职务，必须撤销其担任的最高职务。如果决定撤销其两个以上职务，则必须从其担任的最高职务开始依次撤销。对于在党外组织担任职务的，应当建议党外组织撤销其党外职务。

对于在立案审查中因涉嫌违犯党纪被免职的党员，审查后依照本条例规定应当给予撤销党内职务处分的,应当按照其原任职务给予撤销党内职务处分。对于应当受到撤销党内职务处分,但是本人没有担任党内职务的,应当给予其严重警告处分。同时,在党外组织担任职务的,应当建议党外组织撤销其党外职务。

党员受到撤销党内职务处分,或者依照前款规定受到严重警告处分的,二年内不得在党内担任和向党外组织推荐担任与其原任职务相当或者高于其原任职务的职务。

第十二条　留党察看处分,分为留党察看一年、留党察看二年。对于受到留党察看处分一年的党员,期满后仍不符合恢复党员权利条件的,应当延长一年留党察看期限。留党察看期限最长不得超过二年。

党员受留党察看处分期间,没有表决权、选举权和被选举权。留党察看期间,确有悔改表现的,期满后恢复其党员权利;坚持不改或者又发现其他应当受到党纪处分的违纪行为的,应当开除党籍。

党员受到留党察看处分,其党内职务自然撤销。对于担任党外职务的,应当建议党外组织撤销其党外职务。受到留党察看处分的党员,恢复党员权利后二年内,不得在党内担任和向党外组织推荐担任与其原任职务相当或者高于其原任职务的职务。

第十三条　党员受到开除党籍处分,五年内不得重新入党,也不得推荐担任与其原任职务相当或者高于其原任职务的党外职务。另有规定不准重新入党的,依照规定。

第十四条　党员干部受到党纪处分,需要同时进行组织处理的,党组织应当按照规定给予组织处理。

党的各级代表大会的代表受到留党察看以上处分的,党组织应当终止其代表资格。

第十五条　对于受到改组处理的党组织领导机构成员,除应当受到撤销党内职务以上处分的外,均自然免职。

第十六条　对于受到解散处理的党组织中的党员,应当逐个审查。

其中,符合党员条件的,应当重新登记,并参加新的组织过党的生活;不符合党员条件的,应当对其进行教育、限期改正,经教育仍无转变的,予以劝退或者除名;有违纪行为的,依照规定予以追究。

第三章　纪律处分运用规则

第十七条　有下列情形之一的,可以从轻或者减轻处分:

(一)主动交代本人应当受到党纪处分的问题;

(二)在组织谈话函询、初步核实、立案审查过程中,能够配合核实审查工作,如实说明本人违纪违法事实;

(三)检举同案人或者其他人应当受到党纪处分或者法律追究的问题,经查证属实,或者有其他立功表现;

(四)主动挽回损失、消除不良影响或者有效阻止危害结果发生;

(五)主动上交或者退赔违纪所得;

(六)党内法规规定的其他从轻或者减轻处分情形。

第十八条　根据案件的特殊情况,由中央纪委决定或者经省(部)级纪委(不含副省级市纪委)决定并呈报中央纪委批准,对违纪党员也可以在本条例规定的处分幅度以外减轻处分。

第十九条　对于党员违犯党纪应当给予警告或者严重警告处分,但是具有本条例第十七条规定的情形之一或者本条例分则中另有规定的,可以给予批评教育、责令检查、诫勉或者组织处理,免予党纪处分。对违纪党员免予处分,应当作出书面结论。

党员有作风纪律方面的苗头性、倾向性问题或者违犯党纪情节轻微的,可以给予谈话提醒、批评教育、责令检查等,或者予以诫勉,不予党纪处分。

党员行为虽然造成损失或者后果,但不是出于故意或者过失,而是由于不可抗力等原因所引起的,不追究党纪责任。

第二十条　有下列情形之一的,应当从重或者加重处分:

(一)强迫、唆使他人违纪;

（二）拒不上交或者退赔违纪所得；

（三）违纪受处分后又因故意违纪应当受到党纪处分；

（四）违纪受处分后，又被发现其受处分前没有交代的其他应当受到党纪处分的问题；

（五）党内法规规定的其他从重或者加重处分情形。

第二十一条　党员在党纪处分影响期内又受到党纪处分的，其影响期为原处分尚未执行的影响期与新处分影响期之和。

第二十二条　从轻处分，是指在本条例规定的违纪行为应当受到的处分幅度以内，给予较轻的处分。

从重处分，是指在本条例规定的违纪行为应当受到的处分幅度以内，给予较重的处分。

第二十三条　减轻处分，是指在本条例规定的违纪行为应当受到的处分幅度以外，减轻一档给予处分。

加重处分，是指在本条例规定的违纪行为应当受到的处分幅度以外，加重一档给予处分。

本条例规定的只有开除党籍处分一个档次的违纪行为，不适用第一款减轻处分的规定。

第二十四条　一人有本条例规定的两种以上应当受到党纪处分的违纪行为，应当合并处理，按其数种违纪行为中应当受到的最高处分加重一档给予处分；其中一种违纪行为应当受到开除党籍处分的，应当给予开除党籍处分。

第二十五条　一个违纪行为同时触犯本条例两个以上条款的，依照处分较重的条款定性处理。

一个条款规定的违纪构成要件全部包含在另一个条款规定的违纪构成要件中，特别规定与一般规定不一致的，适用特别规定。

第二十六条　二人以上共同故意违纪的，对为首者，从重处分，本条例另有规定的除外；对其他成员，按照其在共同违纪中所起的作用和应负的责任，分别给予处分。

对于经济方面共同违纪的，按照个人参与数额及其所起作用，分别给予处分。对共同违纪的为首者，情节严重的，按照共同违纪的总数额处分。

教唆他人违纪的，应当按照其在共同违纪中所起的作用追究党纪责任。

第二十七条　党组织领导机构集体作出违犯党纪的决定或者实施其他违犯党纪的行为，对具有共同故意的成员，按共同违纪处理；对过失违纪的成员，按照各自在集体违纪中所起的作用和应负的责任分别给予处分。

第四章　对违法犯罪党员的纪律处分

第二十八条　对违法犯罪的党员，应当按照规定给予党纪处分，做到适用纪律和适用法律有机融合，党纪政务等处分相匹配。

第二十九条　党组织在纪律审查中发现党员有贪污贿赂、滥用职权、玩忽职守、权力寻租、利益输送、徇私舞弊、浪费国家资财等违反法律涉嫌犯罪行为的，应当给予撤销党内职务、留党察看或者开除党籍处分。

第三十条　党组织在纪律审查中发现党员有刑法规定的行为，虽不构成犯罪但须追究党纪责任的，或者有其他破坏社会主义市场经济秩序、违反治安管理等违法行为，损害党、国家和人民利益的，应当视具体情节给予警告直至开除党籍处分。

违反国家财经纪律，在公共资金收支、税务管理、国有资产管理、政府采购管理、金融管理、财务会计管理等财经活动中有违法行为的，依照前款规定处理。

党员有嫖娼或者吸食、注射毒品等丧失党员条件，严重败坏党的形象行为的，应当给予开除党籍处分。

第三十一条　党组织在纪律审查中发现党员严重违纪涉嫌违法犯

罪的，原则上先作出党纪处分决定，并按照规定由监察机关给予政务处分或者由任免机关（单位）给予处分后，再移送有关国家机关依法处理。

第三十二条　党员被依法留置、逮捕的，党组织应当按照管理权限中止其表决权、选举权和被选举权等党员权利。根据监察机关、司法机关处理结果，可以恢复其党员权利的，应当及时予以恢复。

第三十三条　党员犯罪情节轻微，人民检察院依法作出不起诉决定的，或者人民法院依法作出有罪判决并免予刑事处罚的，应当给予撤销党内职务、留党察看或者开除党籍处分。

党员犯罪，被单处罚金的，依照前款规定处理。

第三十四条　党员犯罪，有下列情形之一的，应当给予开除党籍处分：

（一）因故意犯罪被依法判处刑法规定的主刑（含宣告缓刑）；

（二）被单处或者附加剥夺政治权利；

（三）因过失犯罪，被依法判处三年以上（不含三年）有期徒刑。

因过失犯罪被判处三年以下有期徒刑或者被判处管制、拘役的，一般应当开除党籍。对于个别可以不开除党籍的，应当对照处分违纪党员批准权限的规定，报请再上一级党组织批准。

第三十五条　党员依法受到刑事责任追究的，党组织应当根据司法机关的生效判决、裁定、决定及其认定的事实、性质和情节，依照本条例规定给予党纪处分，是公职人员的由监察机关给予相应政务处分或者由任免机关（单位）给予相应处分。

党员依法受到政务处分、任免机关（单位）给予的处分、行政处罚，应当追究党纪责任的，党组织可以根据生效的处分、行政处罚决定认定的事实、性质和情节，经核实后依照规定给予相应党纪处分或者组织处理。其中，党员依法受到撤职以上处分的，应当依照本条例规定给予撤销党内职务以上处分。

党员违反国家法律法规、企事业单位或者其他社会组织的规章制度受到其他处分，应当追究党纪责任的，党组织在对有关方面认定的事实、性质和情节进行核实后，依照规定给予相应党纪处分或者组织处理。

党组织作出党纪处分或者组织处理决定后，监察机关、司法机关、行政机关等依法改变原生效判决、裁定、决定等，对原党纪处分或者组织处理决定产生影响的，党组织应当根据改变后的生效判决、裁定、决定等重新作出相应处理。

第五章　其他规定

第三十六条　预备党员违犯党纪，情节较轻，可以保留预备党员资格的，党组织应当对其批评教育或者延长预备期；情节较重的，应当取消其预备党员资格。

第三十七条　对违纪后下落不明的党员，应当区别情况作出处理：

（一）对有严重违纪行为，应当给予开除党籍处分的，党组织应当作出决定，开除其党籍；

（二）除前项规定的情况外，下落不明时间超过六个月的，党组织应当按照党章规定对其予以除名。

第三十八条　违纪党员在党组织作出处分决定前死亡，或者在死亡之后发现其曾有严重违纪行为，对于应当给予开除党籍处分的，开除其党籍；对于应当给予留党察看以下处分的，作出违犯党纪的书面结论和相应处理。

第三十九条　违纪行为有关责任人员的区分：

（一）直接责任者，是指在其职责范围内，不履行或者不正确履行自己的职责，对造成的损失或者后果起决定性作用的党员或者党员领导干部；

（二）主要领导责任者，是指在其职责范围内，对主管的工作不履行或者不正确履行职责，对造成的损失或者后果负直接领导责任的党员领导干部；

（三）重要领导责任者，是指在其职责范围内，对应管的工作或者参与决定的工作不履行或者不正确履行职责，对造成的损失或者后果负次要领导责任的党员领导干部。

本条例所称领导责任者，包括主要领导责任者和重要领导责任者。

第四十条　本条例所称主动交代，是指涉嫌违纪的党员在组织谈话函询、初步核实前向有关组织交代自己的问题，或者在谈话函询、初步核实和立案审查期间交代组织未掌握的问题。

第四十一条　担任职级、单独职务序列等级的党员干部违犯党纪受到处分，需要对其职级、单独职务序列等级进行调整的，参照本条例关于党外职务的规定执行。

第四十二条　计算经济损失应当计算立案时已经实际造成的全部财产损失，包括为挽回违纪行为所造成损失而支付的各种开支、费用。立案后至处理前持续发生的经济损失，应当一并计算在内。

第四十三条　对于违纪行为所获得的经济利益，应当收缴或者责令退赔。对于主动上交的违纪所得和经济损失赔偿，应当予以接收，并按照规定收缴或者返还有关单位、个人。

对于违纪行为所获得的职务、职级、职称、学历、学位、奖励、资格等其他利益，应当由承办案件的纪检机关或者由其上级纪检机关建议有关组织、部门、单位按照规定予以纠正。

对于依照本条例第三十七条、第三十八条规定处理的党员，经调查确属其实施违纪行为获得的利益，依照本条规定处理。

第四十四条　党纪处分决定作出后，应当在一个月内向受处分党员所在党的基层组织中的全体党员及其本人宣布，是领导班子成员的还应当向所在党组织领导班子宣布，并按照干部管理权限和组织关系将处分决定材料归入受处分者档案；对于受到撤销党内职务以上处分的，还应当在一个月内办理职务、工资、工作及其他有关待遇等相应变更手续；涉及撤销或者调整其党外职务的，应当建议党外组织及时撤销或者调整其党外职务。特殊情况下，经作出或者批准作出处分决定的组织批准，可以适当延长办理期限。办理期限最长不得超过六个月。

第四十五条 执行党纪处分决定的机关或者受处分党员所在单位，应当在六个月内将处分决定的执行情况向作出或者批准处分决定的机关报告。

党员对所受党纪处分不服的，可以依照党章及有关规定提出申诉。

第四十六条 党员因违犯党纪受到处分，影响期满后，党组织无需取消对其的处分。

第四十七条 本条例所称以上、以下，除有特别标明外均含本级、本数。

第四十八条 本条例总则适用于有党纪处分规定的其他党内法规，但是中共中央发布或者批准发布的其他党内法规有特别规定的除外。

第二编 分则

第六章 对违反政治纪律行为的处分

第四十九条 在重大原则问题上不同党中央保持一致且有实际言论、行为或者造成不良后果的，给予警告或者严重警告处分；情节较重的，给予撤销党内职务或者留党察看处分；情节严重的，给予开除党籍处分。

第五十条 通过网络、广播、电视、报刊、传单、书籍等，或者利用讲座、论坛、报告会、座谈会等方式，公开发表坚持资产阶级自由化立场、反对四项基本原则，反对党的改革开放决策的文章、演说、宣言、声明等的，给予开除党籍处分。

发布、播出、刊登、出版前款所列文章、演说、宣言、声明等或者为上述行为提供方便条件的，对直接责任者和领导责任者，给予严重警告或者撤销党内职务处分；情节严重的，给予留党察看或者开除党籍处分。

第五十一条　通过网络、广播、电视、报刊、传单、书籍等，或者利用讲座、论坛、报告会、座谈会等方式，有下列行为之一，情节较轻的，给予警告或者严重警告处分；情节较重的，给予撤销党内职务或者留党察看处分；情节严重的，给予开除党籍处分：

（一）公开发表违背四项基本原则，违背、歪曲党的改革开放决策，或者其他有严重政治问题的文章、演说、宣言、声明等；

（二）妄议党中央大政方针，破坏党的集中统一；

（三）丑化党和国家形象，或者诋毁、诬蔑党和国家领导人、英雄模范，或者歪曲党的历史、中华人民共和国历史、人民军队历史。

发布、播出、刊登、出版前款所列内容或者为上述行为提供方便条件的，对直接责任者和领导责任者，给予严重警告或者撤销党内职务处分；情节严重的，给予留党察看或者开除党籍处分。

第五十二条　制作、贩卖、传播第五十条、第五十一条所列内容之一的报刊、书籍、音像制品、电子读物，以及网络文本、图片、音频、视频资料等，情节较轻的，给予警告或者严重警告处分；情节较重的，给予撤销党内职务或者留党察看处分；情节严重的，给予开除党籍处分。

私自携带、寄递第五十条、第五十一条所列内容之一的报刊、书籍、音像制品、电子读物等入出境，情节较重的，给予警告或者严重警告处分；情节严重的，给予撤销党内职务、留党察看或者开除党籍处分。

私自阅看、浏览、收听第五十条、第五十一条所列内容之一的报刊、书籍、音像制品、电子读物，以及网络文本、图片、音频、视频资料等，情节严重的，给予警告、严重警告或者撤销党内职务处分。

第五十三条　在党内组织秘密集团或者组织其他分裂党的活动

的，给予开除党籍处分。

参加秘密集团或者参加其他分裂党的活动的，给予留党察看或者开除党籍处分。

第五十四条 在党内搞团团伙伙、结党营私、拉帮结派、政治攀附、培植个人势力等非组织活动，或者通过搞利益交换、为自己营造声势等活动捞取政治资本的，给予严重警告或者撤销党内职务处分；导致本地区、本部门、本单位政治生态恶化的，给予留党察看或者开除党籍处分。

第五十五条 搞投机钻营，结交政治骗子或者被政治骗子利用的，给予严重警告或者撤销党内职务处分；情节严重的，给予留党察看或者开除党籍处分。

充当政治骗子的，给予撤销党内职务、留党察看或者开除党籍处分。

第五十六条 党员领导干部在本人主政的地方或者分管的部门自行其是，搞山头主义，拒不执行党中央确定的大政方针，甚至背着党中央另搞一套的，给予撤销党内职务、留党察看或者开除党籍处分。

贯彻党中央决策部署只表态不落实，或者落实党中央决策部署不坚决、打折扣、搞变通，在政治上造成不良影响或者严重后果的，给予警告或者严重警告处分；情节严重的，给予撤销党内职务、留党察看或者开除党籍处分。

不顾党和国家大局，搞部门或者地方保护主义的，依照前款规定处理。

第五十七条 党员领导干部政绩观错位，违背新发展理念、背离高质量发展要求，给党、国家和人民利益造成较大损失的，给予警告或者严重警告处分；情节较重的，给予撤销党内职务或者留党察看处分；情节严重的，给予开除党籍处分。

搞劳民伤财的"形象工程""政绩工程"的，从重或者加重处分。

第五十八条　对党不忠诚不老实，表里不一，阳奉阴违，欺上瞒下，搞两面派，做两面人，在政治上造成不良影响的，给予警告或者严重警告处分；情节较重的，给予撤销党内职务或者留党察看处分；情节严重的，给予开除党籍处分。

第五十九条　制造、散布、传播政治谣言，破坏党的团结统一的，给予警告或者严重警告处分；情节较重的，给予撤销党内职务或者留党察看处分；情节严重的，给予开除党籍处分。

政治品行恶劣，匿名诬告，有意陷害或者制造其他谣言，造成损害或者不良影响的，依照前款规定处理。

第六十条　擅自对应当由党中央决定的重大政策问题作出决定、对外发表主张的，对直接责任者和领导责任者，给予严重警告或者撤销党内职务处分；情节严重的，给予留党察看或者开除党籍处分。

第六十一条　不按照有关规定向组织请示、报告重大事项，对直接责任者和领导责任者，情节较重的，给予警告或者严重警告处分；情节严重的，给予撤销党内职务或者留党察看处分。

第六十二条　干扰巡视巡察工作或者不落实巡视巡察整改要求，对直接责任者和领导责任者，情节较轻的，给予警告或者严重警告处分；情节较重的，给予撤销党内职务或者留党察看处分；情节严重的，给予开除党籍处分。

第六十三条　对抗组织审查，有下列行为之一的，给予警告或者严重警告处分；情节较重的，给予撤销党内职务或者留党察看处分；情节严重的，给予开除党籍处分：

（一）串供或者伪造、销毁、转移、隐匿证据；

（二）阻止他人揭发检举、提供证据材料；

（三）包庇同案人员；

（四）向组织提供虚假情况，掩盖事实；

（五）其他对抗组织审查行为。

第六十四条 组织、参加反对党的基本理论、基本路线、基本方略或者重大方针政策的集会、游行、示威等活动的，或者以组织讲座、论坛、报告会、座谈会等方式，反对党的基本理论、基本路线、基本方略或者重大方针政策，造成严重不良影响的，对策划者、组织者和骨干分子，给予开除党籍处分。

对其他参加人员或者以提供信息、资料、财物、场地等方式支持上述活动者，情节较轻的，给予警告或者严重警告处分；情节较重的，给予撤销党内职务或者留党察看处分；情节严重的，给予开除党籍处分。

对不明真相被裹挟参加，经批评教育后确有悔改表现的，可以免予处分或者不予处分。

未经组织批准参加其他集会、游行、示威等活动，情节较轻的，给予警告或者严重警告处分；情节较重的，给予撤销党内职务或者留党察看处分；情节严重的，给予开除党籍处分。

第六十五条 组织、参加旨在反对党的领导、反对社会主义制度或者敌视政府等组织的，对策划者、组织者和骨干分子，给予开除党籍处分。

对其他参加人员，情节较轻的，给予警告或者严重警告处分；情节较重的，给予撤销党内职务或者留党察看处分；情节严重的，给予开除党籍处分。

第六十六条 组织、参加会道门或者邪教组织的，对策划者、组织者和骨干分子，给予开除党籍处分。

对其他参加人员，情节较轻的，给予警告或者严重警告处分；情节较重的，给予撤销党内职务或者留党察看处分；情节严重的，给予开除党籍处分。

对不明真相的参加人员，经批评教育后确有悔改表现的，可以免予处分或者不予处分。

第六十七条　从事、参与挑拨破坏民族关系制造事端或者参加民族分裂活动的，对策划者、组织者和骨干分子，给予开除党籍处分。

对其他参加人员，情节较轻的，给予警告或者严重警告处分；情节较重的，给予撤销党内职务或者留党察看处分；情节严重的，给予开除党籍处分。

对不明真相被裹挟参加，经批评教育后确有悔改表现的，可以免予处分或者不予处分。

有其他违反党和国家民族政策的行为，情节较轻的，给予警告或者严重警告处分；情节较重的，给予撤销党内职务或者留党察看处分；情节严重的，给予开除党籍处分。

第六十八条　组织、利用宗教活动反对党的理论、路线、方针、政策和决议，破坏民族团结的，对策划者、组织者和骨干分子，给予开除党籍处分。

对其他参加人员，给予撤销党内职务或者留党察看处分；情节严重的，给予开除党籍处分。

对不明真相被裹挟参加，经批评教育后确有悔改表现的，可以免予处分或者不予处分。

有其他违反党和国家宗教政策的行为，情节较轻的，给予警告或者严重警告处分；情节较重的，给予撤销党内职务或者留党察看处分；情节严重的，给予开除党籍处分。

第六十九条　对信仰宗教的党员，应当加强思想教育，要求其限期改正；经党组织帮助教育仍没有转变的，应当劝其退党；劝而不退的，予以除名；参与利用宗教搞煽动活动的，给予开除党籍处分。

第七十条　组织迷信活动的，给予撤销党内职务或者留党察看处分；情节严重的，给予开除党籍处分。

参加迷信活动或者个人搞迷信活动，造成不良影响的，给予警告或者严重警告处分；情节较重的，给予撤销党内职务或者留党察看处分；情节严重的，给予开除党籍处分。

对不明真相的参加人员，经批评教育后确有悔改表现的，可以免予处分或者不予处分。

第七十一条　组织、利用宗族势力对抗党和政府，妨碍党和国家的方针政策以及决策部署的实施，或者破坏党的基层组织建设的，对策划者、组织者和骨干分子，给予开除党籍处分。

对其他参加人员，给予撤销党内职务或者留党察看处分；情节严重的，给予开除党籍处分。

对不明真相被裹挟参加，经批评教育后确有悔改表现的，可以免予处分或者不予处分。

第七十二条　在国（境）外、外国驻华使（领）馆申请政治避难，或者违纪后逃往国（境）外、外国驻华使（领）馆的，给予开除党籍处分。

在国（境）外公开发表反对党和政府的文章、演说、宣言、声明等的，依照前款规定处理。

故意为上述行为提供方便条件的，给予留党察看或者开除党籍处分。

第七十三条　在涉外活动中，其言行在政治上造成恶劣影响，损害党和国家尊严、利益的，给予撤销党内职务或者留党察看处分；情节严重的，给予开除党籍处分。

第七十四条　不履行全面从严治党主体责任、监督责任或者履行全面从严治党主体责任、监督责任不力，给党组织造成严重损害或者严重不良影响的，对直接责任者和领导责任者，给予警告或者严重警告处分；情节严重的，给予撤销党内职务或者留党察看处分。

第七十五条　党员领导干部对违反政治纪律和政治规矩等错误思想和行为不报告、不抵制、不斗争，放任不管，搞无原则一团和气，造成不良影响的，给予警告或者严重警告处分；情节严重的，给予撤销党内职务或者留党察看处分。

第七十六条　违反党的优良传统和工作惯例等党的规矩，在政治上造成不良影响或者严重后果的，给予警告或者严重警告处分；情节较重的，给予撤销党内职务或者留党察看处分；情节严重的，给予开除党籍处分。

第七章　对违反组织纪律行为的处分

第七十七条　违反民主集中制原则，有下列行为之一的，给予警告或者严重警告处分；情节严重的，给予撤销党内职务或者留党察看处分：

（一）拒不执行或者擅自改变党组织作出的重大决定；

（二）违反议事规则，个人或者少数人决定重大问题；

（三）故意规避集体决策，决定重大事项、重要干部任免、重要项目安排和大额资金使用；

（四）借集体决策名义集体违规。

第七十八条　下级党组织拒不执行或者擅自改变上级党组织决定的，对直接责任者和领导责任者，给予警告或者严重警告处分；情节严重的，给予撤销党内职务或者留党察看处分。

第七十九条　拒不执行党组织的分配、调动、交流等决定的，给予警告、严重警告或者撤销党内职务处分。

在特殊时期或者紧急状况下，拒不执行党组织上述决定的，给予留党察看或者开除党籍处分。

第八十条　在党组织纪律审查中，依法依规负有作证义务的党员拒绝作证或者故意提供虚假情况，情节较重的，给予警告或者严重警告处分；情节严重的，给予撤销党内职务、留党察看或者开除党籍处分。

第八十一条　有下列行为之一，情节较重的，给予警告或者严重警告处分：

（一）违反个人有关事项报告规定，隐瞒不报；

（二）在组织进行谈话函询时，不如实向组织说明问题；

（三）不按要求报告或者不如实报告个人去向；

（四）不如实填报个人档案资料。

有前款第二项规定的行为，同时向组织提供虚假情况、掩盖事实的，依照本条例第六十三条规定处理。

篡改、伪造个人档案资料的，给予严重警告处分；情节严重的，给予撤销党内职务或者留党察看处分。

隐瞒入党前严重错误的，一般应当予以除名；对入党多年且一贯表现好，或者在工作中作出突出贡献的，给予严重警告、撤销党内职务或者留党察看处分。

第八十二条　党员领导干部违反有关规定组织、参加自发成立的老乡会、校友会、战友会等，情节严重的，给予警告、严重警告或者撤销党内职务处分。

第八十三条　有下列行为之一的，给予警告或者严重警告处分；情节较重的，给予撤销党内职务或者留党察看处分；情节严重的，给予开除党籍处分：

（一）在民主推荐、民主测评、组织考察和党内选举中搞拉票、助选等非组织活动；

（二）在法律规定的投票、选举活动中违背组织原则搞非组织活动，组织、怂恿、诱使他人投票、表决；

（三）在选举中进行其他违反党章、其他党内法规和有关章程活动。

搞有组织的拉票贿选，或者用公款拉票贿选的，从重或者加重处分。

第八十四条　在干部选拔任用工作中，有任人唯亲、排斥异己、封官许愿、说情干预、跑官要官、突击提拔或者调整干部等违反干部选拔任用规定行为，对直接责任者和领导责任者，情节较轻的，给予警告或者严重警告处分；情节较重的，给予撤销党内职务或者留党察看处分；情节严重的，给予开除党籍处分。

用人失察失误造成严重后果的，对直接责任者和领导责任者，依照前款规定处理。

第八十五条　在推进领导干部能上能下工作中，搞好人主义，有下列行为之一，对直接责任者和领导责任者，情节较重的，给予警告或者严重警告处分；情节严重的，给予撤销党内职务或者留党察看处分：

（一）以党纪政务等处分规避组织调整；

（二）以组织调整代替党纪政务等处分；

（三）其他避重就轻作出处理行为。

第八十六条　在干部、职工的录用、考核、职务职级晋升、职称评聘、荣誉表彰，授予学术称号和征兵、安置退役军人等工作中，隐瞒、歪曲事实真相，或者利用职权或者职务上的影响违反有关规定为本人或者其他人谋取利益的，给予警告或者严重警告处分；情节较重的，给予撤销党内职务或者留党察看处分；情节严重的，给予开除党籍处分。

弄虚作假，骗取职务、职级、职称、待遇、资格、学历、学位、荣誉、称号或者其他利益的，依照前款规定处理。

第八十七条　侵犯党员的表决权、选举权和被选举权，情节较重的，给予警告或者严重警告处分；情节严重的，给予撤销党内职务处分。

以强迫、威胁、欺骗、拉拢等手段，妨害党员自主行使表决权、选举权和被选举权的，给予撤销党内职务、留党察看或者开除党籍处分。

第八十八条　有下列行为之一的，对直接责任者和领导责任者，给予警告或者严重警告处分；情节较重的，给予撤销党内职务或者留党察看处分；情节严重的，给予开除党籍处分：

（一）对批评、检举、控告进行阻挠、压制，或者将批评、检举、

控告材料私自扣压、销毁,或者故意将其泄露给他人;

(二)对党员的申辩、辩护、作证等进行压制,造成不良后果;

(三)压制党员申诉,造成不良后果,或者不按照有关规定处理党员申诉;

(四)其他侵犯党员权利行为,造成不良后果。

对批评人、检举人、控告人、证人及其他人员打击报复的,从重或者加重处分。

第八十九条 违反党章和其他党内法规的规定,采取弄虚作假或者其他手段把不符合党员条件的人发展为党员,或者为非党员出具党员身份证明的,对直接责任者和领导责任者,给予警告或者严重警告处分;情节严重的,给予撤销党内职务处分。

违反有关规定程序发展党员的,对直接责任者和领导责任者,依照前款规定处理。

第九十条 违反有关规定取得外国国籍或者获取国(境)外永久居留资格、长期居留许可的,给予撤销党内职务、留党察看或者开除党籍处分。

第九十一条 违反有关规定办理因私出国(境)证件、前往港澳通行证,或者未经批准出入国(边)境,情节较轻的,给予警告或者严重警告处分;情节较重的,给予撤销党内职务或者留党察看处分;情节严重的,给予开除党籍处分。

虽经批准因私出国(境)但存在擅自变更路线、无正当理由超期未归等超出批准范围出国(境)行为,情节较重的,给予警告或者严重警告处分;情节严重的,给予撤销党内职务处分。

第九十二条 驻外机构或者临时出国(境)团(组)中的党员擅自脱离组织,或者从事外事、机要、军事等工作的党员违反有关规定同国(境)外机构、人员联系和交往的,给予警告、严重警告或者撤销党内职务处分。

第九十三条　驻外机构或者临时出国（境）团（组）中的党员，脱离组织出走时间不满六个月又自动回归的，给予撤销党内职务或者留党察看处分；脱离组织出走时间超过六个月的，按照自行脱党处理，党内予以除名。

故意为他人脱离组织出走提供方便条件的，给予警告、严重警告或者撤销党内职务处分。

第八章　对违反廉洁纪律行为的处分

第九十四条　党员干部必须正确行使人民赋予的权力，清正廉洁，反对特权思想和特权现象，反对任何滥用职权、谋求私利的行为。

利用职权或者职务上的影响为他人谋取利益，本人的配偶、子女及其配偶等亲属和其他特定关系人收受对方财物，情节较重的，给予警告或者严重警告处分；情节严重的，给予撤销党内职务、留党察看或者开除党籍处分。

第九十五条　相互利用职权或者职务上的影响为对方及其配偶、子女及其配偶等亲属、身边工作人员和其他特定关系人谋取利益搞权权交易的，给予警告或者严重警告处分；情节较重的，给予撤销党内职务或者留党察看处分；情节严重的，给予开除党籍处分。

第九十六条　纵容、默许配偶、子女及其配偶等亲属、身边工作人员和其他特定关系人利用党员干部本人职权或者职务上的影响谋取私利，情节较轻的，给予警告或者严重警告处分；情节较重的，给予撤销党内职务或者留党察看处分；情节严重的，给予开除党籍处分。

党员干部的配偶、子女及其配偶等亲属和其他特定关系人不实际工作而获取薪酬或者虽实际工作但领取明显超出同职级标准薪酬，党员干部知情未予纠正的，依照前款规定处理。

第九十七条　收受可能影响公正执行公务的礼品、礼金、消费卡（券）和有价证券、股权、其他金融产品等财物，情节较轻的，给予警告或者严重警告处分；情节较重的，给予撤销党内职务或者留党察看处分；情节严重的，给予开除党籍处分。

收受其他明显超出正常礼尚往来的财物的，依照前款规定处理。

第九十八条 向从事公务的人员及其配偶、子女及其配偶等亲属和其他特定关系人赠送明显超出正常礼尚往来的礼品、礼金、消费卡（券）和有价证券、股权、其他金融产品等财物，情节较重的，给予警告或者严重警告处分；情节严重的，给予撤销党内职务或者留党察看处分。

以讲课费、课题费、咨询费等名义变相送礼的，依照前款规定处理。

第九十九条 借用管理和服务对象的钱款、住房、车辆等，可能影响公正执行公务，情节较重的，给予警告或者严重警告处分；情节严重的，给予撤销党内职务、留党察看或者开除党籍处分。

通过民间借贷等金融活动获取大额回报，可能影响公正执行公务的，依照前款规定处理。

第一百条 利用职权或者职务上的影响操办婚丧喜庆事宜，造成不良影响的，给予警告或者严重警告处分；情节严重的，给予撤销党内职务处分；借机敛财或者有其他侵犯国家、集体和人民利益行为的，从重或者加重处分，直至开除党籍。

第一百零一条 接受、提供可能影响公正执行公务的宴请或者旅游、健身、娱乐等活动安排，情节较重的，给予警告或者严重警告处分；情节严重的，给予撤销党内职务或者留党察看处分。

第一百零二条 违反有关规定取得、持有、实际使用运动健身卡、会所和俱乐部会员卡、高尔夫球卡等各种消费卡（券），或者违反有关规定出入私人会所，情节较重的，给予警告或者严重警告处分；情节严重的，给予撤销党内职务或者留党察看处分。

第一百零三条 违反有关规定从事营利活动，有下列行为之一，情节较轻的，给予警告或者严重警告处分；情节较重的，给予撤销党内职务或者留党察看处分；情节严重的，给予开除党籍处分：

（一）经商办企业；

（二）拥有非上市公司（企业）的股份或者证券；

（三）买卖股票或者进行其他证券投资；

（四）从事有偿中介活动；

（五）在国（境）外注册公司或者投资入股；

（六）其他违反有关规定从事营利活动的行为。

利用参与企业重组改制、定向增发、兼并投资、土地使用权出让等工作中掌握的信息买卖股票，利用职权或者职务上的影响通过购买信托产品、基金等方式非正常获利的，依照前款规定处理。

违反有关规定在经济组织、社会组织等单位中兼职，或者经批准兼职但获取薪酬、奖金、津贴等额外利益的，依照第一款规定处理。

第一百零四条　利用职权或者职务上的影响，为配偶、子女及其配偶等亲属和其他特定关系人在审批监管、资源开发、金融信贷、大宗采购、土地使用权出让、房地产开发、工程招投标以及公共财政收支等方面谋取利益，情节较轻的，给予警告或者严重警告处分；情节较重的，给予撤销党内职务或者留党察看处分；情节严重的，给予开除党籍处分。

利用职权或者职务上的影响，为配偶、子女及其配偶等亲属和其他特定关系人吸收存款、推销金融产品、经营名贵特产类特殊资源等提供帮助谋取利益的，依照前款规定处理。

第一百零五条　离职或者退（离）休后违反有关规定接受原任职务管辖的地区和业务范围内或者与原工作业务直接相关的企业和中介机构等单位的聘用，或者个人从事与原任职务管辖业务或者与原工作业务直接相关的营利活动，情节较轻的，给予警告或者严重警告处分；情节较重的，给予撤销党内职务处分；情节严重的，给予留党察看处分。

党员领导干部离职或者退（离）休后违反有关规定担任上市公司、基金管理公司独立董事、独立监事等职务，情节较轻的，给予警告或者严重警告处分；情节较重的，给予撤销党内职务处分；情节严重的，给予留党察看处分。

第一百零六条 离职或者退（离）休后利用原职权或者职务上的影响，为配偶、子女及其配偶等亲属和其他特定关系人从事经营活动谋取利益，情节较轻的，给予警告或者严重警告处分；情节较重的，给予撤销党内职务或者留党察看处分；情节严重的，给予开除党籍处分。

离职或者退（离）休后利用原职权或者职务上的影响为他人谋取利益，本人的配偶、子女及其配偶等亲属和其他特定关系人收受对方财物，情节较重的，给予警告或者严重警告处分；情节严重的，给予撤销党内职务、留党察看或者开除党籍处分。

第一百零七条 党员领导干部的配偶、子女及其配偶，违反有关规定在该党员领导干部管辖的地区和业务范围内从事可能影响其公正执行公务的经营活动，或者有其他违反经商办企业禁业规定行为的，该党员领导干部应当按照规定予以纠正；拒不纠正的，其本人应当辞去现任职务或者由组织予以调整职务；不辞去现任职务或者不服从组织调整职务的，给予撤销党内职务处分。

第一百零八条 党和国家机关违反有关规定经商办企业的，对直接责任者和领导责任者，给予警告或者严重警告处分；情节严重的，给予撤销党内职务处分。

第一百零九条 党员领导干部违反工作、生活保障制度，在交通、医疗、警卫等方面为本人、配偶、子女及其配偶等亲属、身边工作人员和其他特定关系人谋求特殊待遇，情节较重的，给予警告或者严重警告处分；情节严重的，给予撤销党内职务或者留党察看处分。

第一百一十条 在分配、购买住房中侵犯国家、集体利益，情节较轻的，给予警告或者严重警告处分；情节较重的，给予撤销党内职务或者留党察看处分；情节严重的，给予开除党籍处分。

第一百一十一条　利用职权或者职务上的影响，侵占非本人经管的公私财物，或者以象征性地支付钱款等方式侵占公私财物，或者无偿、象征性地支付报酬接受服务、使用劳务，情节较轻的，给予警告或者严重警告处分；情节较重的，给予撤销党内职务或者留党察看处分；情节严重的，给予开除党籍处分。

利用职权或者职务上的影响，将应当由本人、配偶、子女及其配偶等亲属、身边工作人员和其他特定关系人个人支付的费用，由下属单位、其他单位或者他人支付、报销的，依照前款规定处理。

第一百一十二条　利用职权或者职务上的影响，违反有关规定占用公物归个人使用，时间超过六个月，情节较重的，给予警告或者严重警告处分；情节严重的，给予撤销党内职务处分。

占用公物进行营利活动的，给予警告或者严重警告处分；情节较重的，给予撤销党内职务或者留党察看处分；情节严重的，给予开除党籍处分。

将公物借给他人进行营利活动的，依照前款规定处理。

第一百一十三条　违反有关规定组织、参加用公款支付的宴请、娱乐、健身活动，或者用公款购买赠送或者发放礼品、消费卡（券）等，对直接责任者和领导责任者，情节较轻的，给予警告或者严重警告处分；情节较重的，给予撤销党内职务或者留党察看处分；情节严重的，给予开除党籍处分。

第一百一十四条　违反有关规定自定薪酬或者滥发津贴、补贴、奖金、福利等，对直接责任者和领导责任者，情节较轻的，给予警告或者严重警告处分；情节较重的，给予撤销党内职务或者留党察看处分；情节严重的，给予开除党籍处分。

第一百一十五条　有下列行为之一，对直接责任者和领导责任者，情节较轻的，给予警告或者严重警告处分；情节较重的，给予撤销党内职务或者留党察看处分；情节严重的，给予开除党籍处分：

（一）公款旅游或者以学习培训、考察调研、职工疗养等为名变相公款旅游；

（二）改变公务行程，借机旅游；

（三）参加所管理企业、下属单位组织的考察活动，借机旅游。

以考察、学习、培训、研讨、招商、参展等名义变相用公款出国（境）旅游的，对直接责任者和领导责任者，依照前款规定处理。

第一百一十六条　违反接待管理规定，超标准、超范围接待或者借机大吃大喝，对直接责任者和领导责任者，情节较重的，给予警告或者严重警告处分；情节严重的，给予撤销党内职务处分。

第一百一十七条　违反有关规定配备、购买、更换、装饰、使用公务交通工具或者有其他违反公务交通工具管理规定的行为，对直接责任者和领导责任者，情节较重的，给予警告或者严重警告处分；情节严重的，给予撤销党内职务或者留党察看处分。

第一百一十八条　违反会议活动管理规定，有下列行为之一，对直接责任者和领导责任者，情节较重的，给予警告或者严重警告处分；情节严重的，给予撤销党内职务处分：

（一）到禁止召开会议的风景名胜区开会；

（二）决定或者批准举办各类节会、庆典活动；

（三）其他违反会议活动管理规定行为。

擅自举办评比达标表彰、创建示范活动或者借评比达标表彰、创建示范活动收取费用的，对直接责任者和领导责任者，依照前款规定处理。

第一百一十九条　违反办公用房管理等规定，有下列行为之一，对直接责任者和领导责任者，情节较重的，给予警告或者严重警告处分；情节严重的，给予撤销党内职务处分：

（一）决定或者批准兴建、装修办公楼、培训中心等楼堂馆所；

（二）超标准配备、使用办公用房；

（三）未经批准租用、借用办公用房；

（四）用公款包租、占用客房或者其他场所供个人使用；

（五）其他违反办公用房管理等规定行为。

第一百二十条　搞权色交易或者给予财物搞钱色交易的，给予警告或者严重警告处分；情节较重的，给予撤销党内职务或者留党察看处分；情节严重的，给予开除党籍处分。

第一百二十一条　有其他违反廉洁纪律规定行为的，应当视具体情节给予警告直至开除党籍处分。

第九章　对违反群众纪律行为的处分

第一百二十二条　有下列行为之一，对直接责任者和领导责任者，情节较轻的，给予警告或者严重警告处分；情节较重的，给予撤销党内职务或者留党察看处分；情节严重的，给予开除党籍处分：

（一）超标准、超范围向群众筹资筹劳、摊派费用，加重群众负担；

（二）违反有关规定扣留、收缴群众款物或者处罚群众；

（三）克扣群众财物，或者违反有关规定拖欠群众钱款；

（四）在管理、服务活动中违反有关规定收取费用；

（五）在办理涉及群众事务时刁难群众、吃拿卡要；

（六）其他侵害群众利益行为。

在乡村振兴领域有上述行为的，从重或者加重处分。

第一百二十三条　干涉生产经营自主权，致使群众财产遭受较大损失的，对直接责任者和领导责任者，给予警告或者严重警告处分；情节严重的，给予撤销党内职务或者留党察看处分。

第一百二十四条　在社会保障、社会救助、政策扶持、救灾救济款物分配等事项中优亲厚友、明显有失公平的，给予警告或者严重警告处分；情节较重的，给予撤销党内职务或者留党察看处分；情节严重的，给予开除党籍处分。

第一百二十五条　利用宗族或者黑恶势力等欺压群众，或者纵容涉黑涉恶活动、为黑恶势力充当"保护伞"的，给予撤销党内职务或者留党察看处分；情节严重的，给予开除党籍处分。

第一百二十六条　有下列行为之一，对直接责任者和领导责任者，情节较重的，给予警告或者严重警告处分；情节严重的，给予撤销党内职务或者留党察看处分：

（一）对涉及群众生产、生活等切身利益的问题依照政策或者有关规定能解决而不及时解决，庸懒无为、效率低下，造成不良影响；

（二）对符合政策的群众诉求消极应付、推诿扯皮，损害党群、干群关系；

（三）对待群众态度恶劣、简单粗暴，造成不良影响；

（四）弄虚作假，欺上瞒下，损害群众利益；

（五）其他不作为、乱作为、慢作为、假作为等损害群众利益行为。

第一百二十七条　遇到国家财产和群众生命财产受到严重威胁时，能救而不救，情节较重的，给予警告、严重警告或者撤销党内职务处分；情节严重的，给予留党察看或者开除党籍处分。

第一百二十八条　不按照规定公开党务、政务、厂务、村（居）务等，侵犯群众知情权，对直接责任者和领导责任者，情节较重的，给予警告或者严重警告处分；情节严重的，给予撤销党内职务或者留党察看处分。

第一百二十九条　有其他违反群众纪律规定行为的，应当视具体情节给予警告直至开除党籍处分。

第十章　对违反工作纪律行为的处分

第一百三十条　工作中不负责任或者疏于管理，贯彻执行、检查督促落实上级决策部署不力，给党、国家和人民利益以及公共财产造成较大损失的，对直接责任者和领导责任者，给予警告或者严重警告处分；造成重大损失的，给予撤销党内职务、留党察看或者开除党籍处分。

党员领导干部对于到任前已经存在且属于其职责范围内的问题，消极回避、推卸责任，造成严重损害或者严重不良影响的，依照前款规定处理。

第一百三十一条　工作中不敢斗争、不愿担当，面对重大矛盾冲突、危机困难临阵退缩，造成不良影响或者严重后果的，给予警告或者严重警告处分；情节严重的，给予撤销党内职务、留党察看或者开除党籍处分。

第一百三十二条　有下列行为之一，造成严重损害或者严重不良影响的，对直接责任者和领导责任者，给予警告或者严重警告处分；情节较重的，给予撤销党内职务或者留党察看处分；情节严重的，给予开除党籍处分：

（一）热衷于搞舆论造势、浮在表面；

（二）单纯以会议贯彻会议、以文件落实文件，在实际工作中不见诸行动；

（三）脱离实际，不作深入调查研究，搞随意决策、机械执行；

（四）违反精文减会有关规定搞文山会海；

（五）在督查检查考核等工作中搞层层加码、过度留痕，增加基层工作负担；

（六）工作中其他形式主义、官僚主义行为。

第一百三十三条　在公务活动用餐、单位食堂用餐管理工作中不履行或者不正确履行宣传教育、监督管理职责，导致餐饮浪费，造成严重不良影响的，对直接责任者和领导责任者，给予警告或者严重警告处分；情节严重的，给予撤销党内职务处分。

第一百三十四条　在机构编制工作中，有下列行为之一，造成不良影响或者严重后果的，对直接责任者和领导责任者，给予警告或者严重警告处分；情节较重的，给予撤销党内职务或者留党察看处分；情节严重的，给予开除党籍处分：

（一）擅自超出"三定"规定范围调整职责、设置机构、核定领导职数和配备人员；

（二）违规干预地方机构设置；

（三）其他违反机构编制管理规定行为。

第一百三十五条　在信访工作中，有下列行为之一，造成不良影响或者严重后果的，对直接责任者和领导责任者，给予警告或者严重警告处分；情节较重的，给予撤销党内职务或者留党察看处分；情节严重的，给予开除党籍处分：

（一）不按照规定受理、办理信访事项；

（二）对规模性集体访等处置不力，导致事态扩大；

（三）对党委和政府信访部门提出的改进工作、完善政策等建议重视不够、落实不力，导致问题长期得不到解决；

（四）其他不履行或者不正确履行信访工作职责行为。

不履行或者不正确履行职责，导致信访事项发生，造成不良影响或者严重后果的，对直接责任者和领导责任者，依照前款规定处理。

第一百三十六条　党组织有下列行为之一，对直接责任者和领导责任者，情节较重的，给予警告或者严重警告处分；情节严重的，给予撤销党内职务或者留党察看处分：

（一）党员被立案审查期间，擅自批准其出差、出国（境）、辞职，或者对其交流、提拔职务、晋升职级、进一步使用、奖励，或者办理退休手续；

（二）党员被依法追究刑事责任后，不按照规定给予党纪处分，或者对党员违反国家法律法规的行为，应当给予党纪处分而不处分；

（三）党纪处分决定或者申诉复查决定作出后，不按照规定落实决定中关于被处分人党籍、职务、职级、待遇等事项；

（四）党员受到党纪处分后，不按照干部管理权限和组织关系对受处分党员开展日常教育、管理和监督工作。

第一百三十七条　滥用问责，或者在问责工作中严重不负责任，造成不良影响的，对直接责任者和领导责任者，给予警告或者严重警告处分；情节严重的，给予撤销党内职务处分。

第一百三十八条　因工作不负责任致使所管理的人员叛逃的，对直接责任者和领导责任者，给予警告或者严重警告处分；情节严重的，给予撤销党内职务处分。

因工作不负责任致使所管理的人员出逃、出走，对直接责任者和领导责任者，情节较重的，给予警告或者严重警告处分；情节严重的，给予撤销党内职务处分。

第一百三十九条　进行统计造假，对直接责任者和领导责任者，情节较轻的，给予警告或者严重警告处分；情节较重的，给予撤销党内职务或者留党察看处分；情节严重的，给予开除党籍处分。

对统计造假失察，造成严重后果的，对直接责任者和领导责任者，给予警告或者严重警告处分；情节严重的，给予撤销党内职务、留党察看或者开除党籍处分。

第一百四十条　在上级检查、视察工作或者向上级汇报、报告工作时对应当报告的事项不报告或者不如实报告，造成严重损害或者严重不良影响的，对直接责任者和领导责任者，给予警告或者严重警告处分；情节严重的，给予撤销党内职务或者留党察看处分。

在上级检查、视察工作或者向上级汇报、报告工作时纵容、唆使、暗示、强迫下级说假话、报假情的，从重或者加重处分。

第一百四十一条　违反有关规定干预和插手市场经济活动，有下列行为之一，情节较轻的，给予警告或者严重警告处分；情节较重的，给予撤销党内职务或者留党察看处分；情节严重的，给予开除党籍处分：

（一）干预和插手建设工程项目承发包、土地使用权出让、政府采购、房地产开发与经营、矿产资源开发利用、中介机构服务等活动；

（二）干预和插手国有企业重组改制、兼并、破产、产权交易、清产核资、资产评估、资产转让、重大项目投资以及其他重大经营活动等事项；

（三）干预和插手批办各类行政许可和资金借贷等事项；

（四）干预和插手经济纠纷；

（五）干预和插手集体资金、资产和资源的使用、分配、承包、租赁等事项。

第一百四十二条　违反有关规定干预和插手司法活动、执纪执法活动，向有关地方或者部门打听案情、打招呼、说情，或者以其他方式对司法活动、执纪执法活动施加影响，情节较轻的，给予严重警告处分；情节较重的，给予撤销党内职务或者留党察看处分；情节严重的，给予开除党籍处分。

违反有关规定干预和插手公共财政资金分配、项目立项评审、功勋荣誉表彰奖励等活动，造成重大损失或者不良影响的，依照前款规定处理。

第一百四十三条　按照有关规定对干预和插手行为负有报告和登记义务的受请托人，不按照规定报告或者登记，情节较重的，给予警告或者严重警告处分；情节严重的，给予撤销党内职务处分。

第一百四十四条　泄露、扩散或者打探、窃取党组织关于干部选拔任用、纪律审查、巡视巡察等尚未公开事项或者其他应当保密的内容的，给予警告或者严重警告处分；情节较重的，给予撤销党内职务或者留党察看处分；情节严重的，给予开除党籍处分。

私自留存涉及党组织关于干部选拔任用、纪律审查、巡视巡察等方面资料，情节较重的，给予警告或者严重警告处分；情节严重的，给予撤销党内职务处分。

第一百四十五条　在考试、录取工作中，有泄露试题、考场舞弊、涂改考卷、违规录取等违反有关规定行为的，给予警告或者严重警告处分；情节较重的，给予撤销党内职务或者留党察看处分；情节严重的，给予开除党籍处分。

第一百四十六条 以不正当方式谋求本人或者其他人用公款出国（境），情节较轻的，给予警告处分；情节较重的，给予严重警告处分；情节严重的，给予撤销党内职务处分。

第一百四十七条 临时出国（境）团（组）或者人员中的党员，擅自延长在国（境）外期限，或者擅自变更路线的，对直接责任者和领导责任者，给予警告或者严重警告处分；情节严重的，给予撤销党内职务处分。

第一百四十八条 驻外机构或者临时出国（境）团（组）中的党员，触犯驻在国家、地区的法律、法令或者不尊重驻在国家、地区的宗教习俗，情节较重的，给予警告或者严重警告处分；情节严重的，给予撤销党内职务、留党察看或者开除党籍处分。

第一百四十九条 在党的纪律检查、组织、宣传、统一战线工作以及机关工作等其他工作中，不履行或者不正确履行职责，造成损失或者不良影响的，应当视具体情节给予警告直至开除党籍处分。

第十一章 对违反生活纪律行为的处分

第一百五十条 生活奢靡、铺张浪费、贪图享乐、追求低级趣味，造成不良影响的，给予警告或者严重警告处分；情节严重的，给予撤销党内职务处分。

第一百五十一条 与他人发生不正当性关系，造成不良影响的，给予警告或者严重警告处分；情节较重的，给予撤销党内职务或者留党察看处分；情节严重的，给予开除党籍处分。

利用职权、教养关系、从属关系或者其他相类似关系与他人发生性关系的，从重处分。

第一百五十二条 党员领导干部不重视家风建设，对配偶、子女及其配偶失管失教，造成不良影响或者严重后果的，给予警告或者严重警告处分；情节严重的，给予撤销党内职务处分。

第一百五十三条　违背社会公序良俗，在公共场所、网络空间有不当言行，造成不良影响的，给予警告或者严重警告处分；情节较重的，给予撤销党内职务或者留党察看处分；情节严重的，给予开除党籍处分。

第一百五十四条　有其他严重违反社会公德、家庭美德行为的，应当视具体情节给予警告直至开除党籍处分。

第三编　附则

第一百五十五条　各省、自治区、直辖市党委可以根据本条例，结合各自工作的实际情况，制定单项实施规定。

第一百五十六条　中央军事委员会可以根据本条例，结合中国人民解放军和中国人民武装警察部队的实际情况，制定补充规定或者单项规定。

第一百五十七条　本条例由中央纪委负责解释。

第一百五十八条　本条例自2024年1月1日起施行。

本条例施行前，已结案的案件如需进行复查复议，适用当时的规定或者政策。尚未结案的案件，如果行为发生时的规定或者政策不认为是违纪，而本条例认为是违纪的，依照当时的规定或者政策处理；如果行为发生时的规定或者政策认为是违纪的，依照当时的规定或者政策处理，但是如果本条例不认为是违纪或者处理较轻的，依照本条例规定处理。